A experiência europeia fracassou?

Debate sobre a união europeia e suas perspectivas

Preencha a **ficha de cadastro** no final deste livro
e receba gratuitamente informações
sobre os lançamentos e as promoções da Elsevier.

Consulte também nosso catálogo
completo, últimos lançamentos
e serviços exclusivos no site
www.elsevier.com.br

A experiência europeia fracassou?

Debate sobre a união europeia e suas perspectivas

JOSEF JOFFE
NIALL FERGUSON
LORD PETER MANDELSON
DANIEL COHN-BENDIT

Tradução
Afonso Celso da Cunha Serra

Do original: *Has The European Experiment Failed?*
Tradução autorizada do idioma inglês da edição publicada por Anansi Press Inc.
Copyright © 2012, by Aurea Foundation

© 2012, Elsevier Editora Ltda.

Todos os direitos reservados e protegidos pela Lei nº 9.610, de 19/02/1998.
Nenhuma parte deste livro, sem autorização prévia por escrito da editora, poderá ser reproduzida ou transmitida sejam quais forem os meios empregados: eletrônicos, mecânicos, fotográficos, gravação ou quaisquer outros.

Copidesque: Shirley Lima da Silva Braz
Revisão: Jayme Teotônio Borges Luiz
Editoração Eletrônica: Estúdio Castellani

Elsevier Editora Ltda.
Conhecimento sem Fronteiras
Rua Sete de Setembro, 111 – 16º andar
20050-006 – Centro – Rio de Janeiro – RJ – Brasil

Rua Quintana, 753 – 8º andar
04569-011 – Brooklin – São Paulo – SP – Brasil

Serviço de Atendimento ao Cliente
0800-0265340
sac@elsevier.com.br

ISBN 978-85-352-6291-9
Edição original: ISBN: 978-1-77089-228-6

Nota: Muito zelo e técnica foram empregados na edição desta obra. No entanto, podem ocorrer erros de digitação, impressão ou dúvida conceitual. Em qualquer das hipóteses, solicitamos a comunicação ao nosso Serviço de Atendimento ao Cliente, para que possamos esclarecer ou encaminhar a questão.

Nem a editora nem o autor assumem qualquer responsabilidade por eventuais danos ou perdas a pessoas ou bens, originados do uso desta publicação.

CIP-Brasil. Catalogação na fonte
Sindicato Nacional dos Editores de Livros, RJ

F392e Ferguson, Niall, 1964-
    A experiência europeia fracassou?: debate sobre a união europeia e suas perspectivas / Niall Ferguson; tradução Afonso Celso da Cunha Serra. – Rio de Janeiro : Elsevier, 2013.
    23 cm

    Tradução de: Has the european experiment failed?
    ISBN 978-85-352-6291-9

    1. União Européia. 2. União monetária – Países da União Européia. 3. Euro. 4. Política monetária – Países da União Européia. I. Título.

12-7850.   CDD: 332.494
                            CDU: 336.7(4)

Agradecimentos

Os Debates Munk são produto do espírito público de um grupo notável de organizações e de indivíduos que primam pelo civismo. Primeiro e acima de tudo, esses debates não seriam possíveis sem a visão e a liderança da Aurea Foundation. Constituída em 2006 por Peter e Melanie Munk, a Aurea Foundation apoia indivíduos e instituições canadenses que participam do estudo e do desenvolvimento de políticas públicas. Os debates são uma iniciativa que tem a assinatura da fundação, modelo do tipo de conversas substantivas sobre políticas públicas que os canadenses podem fomentar em âmbito global. Desde que esses debates foram criados, em 2008, a Fundação tem assumido a totalidade do custo de cada debate semestral. Os debates também recebem importantes contribuições e orientações dos membros do Conselho da Fundação, Mark Cameron, Andrew Coyne, Devon Cross, Allan Gotlieb, George Jonas, Margaret MacMillan, Anthony Munk e Janice Stein.

Por sua contribuição para a edição preliminar do livro, os organizadores do debate gostariam de agradecer a Jane McWhinney.

Desde o início, os Debates Munk procuram levar as discussões que acontecem em cada evento para os públicos nacional e internacional. Nesse ponto, os debates muito se beneficiaram em consequência da parceria com o *Globe and Mail*, jornal canadense de âmbito nacional, e dos conselhos de seu editor-chefe, John Stackhouse.

Com a publicação deste excelente livro, a House of Anansi Press contribui para que os debates alcancem novos públicos no Canadá e além-fronteiras. Os organizadores dos debates gostariam de agradecer ao chairman da Anansi, Scott Griffin, e à presidente e editora, Sarah MacLachlan, pelo entusiasmo em relação ao projeto deste livro, assim como pelos insights sobre como converter o debate oral em poderoso intercâmbio intelectual impresso.

Introdução de Peter Munk

A crise com que se defronta a Europa é clara. Durante quase uma geração, a maioria dos governos nacionais da zona do euro gastou mais do que arrecadou. As consequências são o aumento acelerado dos níveis de endividamento e dos custos do serviço da dívida, à medida que os déficits dos países sobem a taxas superiores às do crescimento das economias. Essa dinâmica perigosa e suas consequências sociais perniciosas em nenhum lugar são mais evidentes que na Grécia, país em que a dívida pública interna se aproxima rapidamente de 200% do PIB. Como um todo, a zona do euro hoje tem dívidas de €1,1 trilhão, que vencem em 2012. E devemos encarar essas dívidas em conjunto, uma vez que as cláusulas econômicas e políticas da União Europeia impossibilitam que qualquer país, sozinho, reestruture unilateralmente sua dívida pública e continue na zona do euro.

No cerne do colapso da União Europeia, estamos testemunhando a reformulação histórica do papel do Estado moderno, em tempo real. Se a crise financeira de 2008 nos mostrou as falhas inerentes ao modelo de mercado de capitais dos Estados Unidos, a crise da zona do euro está demonstrando os limites do Estado de bem-estar social, altamente alavancado. Ao enfrentarem essas crises, os cidadãos da América do Norte e da Europa estão lutando para reimaginar o que seus governos podem e precisam fazer. De que poderes devem dispor? Quanto devem gastar? E como devemos traçar as linhas de responsabilidade e prestação de contas entre cidadãos, Estado, autoridades eleitas e instituições transnacionais cada vez mais poderosas? De mais a mais, tudo isso está acontecendo em um período de incerteza política e de inquietação social crescentes.

Essas questões são o pano de fundo do nono Debate Munk semestral, realizado no Roy Thomson Hall, em Toronto, sexta-feira, 25 de maio de 2012, diante de um público de 2.700 pessoas, com outras 3 mil assistindo on-line. A resolução da noite, "Conclui-se que a experiência europeia fracassou", suscitou nosso debate mais caloroso, eu ousaria dizer nosso debate mais emocional, até a presente data. Nossos debatedores estão, cada um, profundamente imersos no destino ainda incerto do projeto europeu, o que trouxe consequências imediatas para a discussão da noite.

Quatro debatedores excepcionais se reuniram para tratar desse tema crítico. Em favor da resolução, argumentaram Niall Ferguson, historiador econômico, Josef Joffe, editor e publisher alemão. Contra a resolução, retrucaram Daniel Cohn-Bendit, parlamentar da União Europeia, e Lord Peter Mandelson, ex-comissário da União Europeia.

Niall Ferguson é celebrado professor de História de Harvard, colunista de *The Daily Beast/Newsweek* e autor de numerosos best-sellers internacionais, como *A lógica do dinheiro: riqueza e poder no mundo moderno* e *Civilização: Ocidente × Oriente*. Durante mais de 10 anos, argumentou Ferguson, a Europa conduziu um experimento impossível. Uma união monetária sem integração do mercado de trabalho e sem qualquer federalismo fiscal estava fadada a explodir. E a prova, diz Ferguson, é tanto a estagnação econômica da união quanto sua insignificância geopolítica.

Debatendo ao lado de Niall Ferguson, estava Josef Joffe, editor do prestigioso semanário alemão *Die Zeit* e autor de numerosos best-sellers sobre política global, como *Überpower: The Imperial Temptation of America*. A Europa está superando mil anos de guerra, argumentou Joffe, mas 27 Estados nacionais jamais se transformarão em um. A Europa esboroa-se diante de nossos olhos, e a realização de que mais se orgulha – o euro – soterrará a união. No fim das contas, a Europa está quebrada, e a Alemanha não quer, nem pode, pagar a conta dos demais membros. Só resta esperar, concluiu Joffe, que o colapso da união econômica não rompa os laços políticos.

Daniel Cohn-Bendit, que argumentou contra a resolução, emergiu no cenário europeu na década de 1960 como principal líder das revoltas estudantis na França. Meio século depois, ele ainda é conhecido, afetuosamente, como "Danny the Red", e atua como copresidente do Greens/European Free Alliance Group, no Parlamento Europeu. Também é membro das comissões de Assuntos Econômicos e Monetários e de Assuntos Constitucionais do Parlamento Europeu. No passado, Cohn-Bendit defendia apaixonadamente que "precisamos de um verdadeiro processo democrático para a renovação da Europa, em que o Parlamento Europeu desempenhe papel central". A centralidade do processo democrático deve ser vista em paralelo com o verdadeiro sucesso político da União Europeia. Cohn-Bendit nos lembrou que essa união nasceu do que já foi uma das mais sanguinárias regiões do mundo, e, em consequência, a Europa é um objetivo que não devemos desprezar, apesar dos desafios da união econômica.

Nosso debatedor final foi Lord Peter Mandelson. Lord Mandelson ocupou numerosas posições de destaque no gabinete do Reino Unido, como parlamentar trabalhista, durante os mandatos dos primeiros-ministros Tony Blair e Gordon Brown. Foi comissário da Inglaterra na União Europeia, de 2004 a 2008, e, atualmente, é chairman da Global Counsel, empresa de consultoria internacional em estratégia. Mandelson exortou o público a avaliar a União Europeia em contexto histórico mais longo e à luz de objetivo mais amplo. Embora o euro decerto esteja enfrentando problemas, argumenta, o projeto europeu não se resume à zona do euro. A União Europeia se baseia na ideia política de que um grupo de países outrora antagônicos pode ser mais que a soma das partes. É esse supranacionalismo que deve continuar sendo o escopo de nossa persistência e o foco de nosso debate.

Fiquei encantado com o vigor intelectual e emocional desses quatro debatedores. E, como cresci na Europa, esse debate teve um significado todo especial para mim.

Conforme Ferguson e Joffe argumentaram de maneira convincente, talvez seja simplesmente caro demais salvar as economias da Grécia, da Espanha e, quem sabe, da Itália, além do que já foi oferecido a Portugal e Irlanda. No fim das contas, tudo dependerá do povo alemão e do valor que os alemães atribuem à união econômica. A Alemanha talvez tivesse condições de socorrer cada um dos países em dificuldade, mas é questionável se as poupanças alemãs poderiam continuar resolvendo os problemas recorrentes do experimento europeu. Por outro lado, conforme sustentaram Cohn-Bendit e Maldelson, talvez faça mais sentido econômico – apesar dos custos exorbitantes – salvar a união que se expor às consequências de seu colapso.

É possível que a moeda comum tenha sido um erro. E, talvez, a União Europeia fique mais forte se seus Estados-membros restabelecerem suas moedas nacionais. Porém, seja como for, a Europa é mais que uma união econômica. Ela une os povos europeus como nunca estiveram juntos antes. Durante muito tempo, a Europa foi um lugar onde campeou tremenda violência – guerras que minha própria família vivenciou. Portanto, também para mim, a importância transcendental desse projeto foi ter eliminado as guerras e os conflitos locais, regionais e internacionais, que assolaram milhões de famílias. Nunca devemos perder de vista o fato de a União Europeia ter reunido pessoas e culturas em um sistema político capaz de negociar diferenças.

Também há lições a serem extraídas dos problemas com que se defronta a Europa. No âmago, estamos enfrentando um desafio ao modelo de Estado de bem-estar social. Não se trata de um conflito entre países, mas de uma questão de como os países se estruturam. A crise europeia é a primeira manifestação dos desafios com que depara o mundo ocidental, na medida em que os países tentam atender às demandas crescentes da cultura do "entitlement", ou seja, dos direitos sociais cada vez mais abrangentes. É uma questão de manejo das economias pós-industriais, baseadas em um modelo de Estado industrial. Portanto, o tópico desse Debate Munk é importante para os observadores distantes. Estamos todos atentos, imbuídos de grande interesse, para ver como – e se – a crise será resolvida.

Gostaria de fazer um comentário final sobre o debate em si. Este Debate Munk foi muito emocional. Nossos debatedores se importam apaixonadamente com o destino da união, com a prosperidade dos países-membros e com os desafios em curso. Para mim, essa é mais uma razão para oferecer espaços destinados ao confronto público de ideias antagônicas. Tenho a forte percepção de que as políticas públicas devem ser respaldadas por contraditório público de alto nível.

Considero de nosso mais alto interesse elevar o nível de conscientização e de engajamento em questões precípuas que hoje se encontram no proscênio do debate global. Em minha opinião, centenas de discursos jamais estarão à altura do poder de um único debate entre verdadeiros líderes intelectuais. Nesse tipo de fórum público, defrontam-se pessoas com igual conhecimento, mas com visões políticas extremamente diferentes, o que força o questionamento de políticas públicas, não raro ausente de nosso discurso público.

Quando passamos a promover esses debates, nossa intenção era apenas uma: destacar os mais brilhantes pensadores, debatendo questões cruciais que afrontam nosso mundo. A esse respeito, mais uma vez superamos nossas expectativas com esse debate sobre o futuro da Europa, e, por esse resultado, devo dar crédito ao Conselho de Administração de minha Aurea Foundation e, mais especificamente, a Rudyard Griffiths e equipe, que fizeram um trabalho maravilhoso ao promoverem e organizarem esses debates. Estou orgulhoso da série de debates de nossa Fundação e, como sempre, sou grato a nossos debatedores por uma noite excepcional de discussão, de empolgação, de emoção e – sim – de divertimento.

Sumário

Agradecimentos v

Introdução de Peter Munk ix

A Experiência Europeia Fracassou? 1

Conversa de Niall Ferguson com Sonia Verma 75

Conversa de Peter Mandelson com Sonia Verma 91

Os debatedores 109

O organizador 115

Os Debates Munk 119

Permissões 123

A Experiência Europeia Fracassou?

—

A favor: Niall Ferguson e Josef Joffe
Contra: Peter Mandelson e Daniel Cohn-Bendit

25 de maio de 2012
Toronto, Canadá

DEBATE MUNK SOBRE A EUROPA

RUDYARD GRIFFITHS: Senhoras e senhores, boa-noite. Meu nome é Rudyard Griffiths. Sou o coorganizador dessa série de debates, com meu colega Patrick Luciani. Para mim, é um privilégio atuar mais uma vez como moderador.

Quero começar dando as boas-vindas ao público mundial que está assistindo ao debate desta noite, ao vivo e on-line, em sites como o theglobeandmail.com, importante fonte de notícias no Canadá. Também recepciono calorosamente a audiência global das emissoras de televisão e rádio, sintonizadas nesse debate:

A EXPERIÊNCIA EUROPEIA FRACASSOU?

Business News Network (BNN), CBC Radio (*Ideas*) e CPAC (Cable Public Affairs Channel), no Canadá; e C-SPAN, em todo o território dos Estados Unidos. Finalmente, saudações para as 2.700 pessoas que, mais uma vez, lotam o Roy Thomson Hall, preenchendo toda a sua capacidade, para participar de um Debate Munk.

Já tivemos alguns debates espetaculares neste mesmo espaço. Quem pode esquecer aquela noite, com Christopher Hitchens e Tony Blair, sobre o impacto da religião no mundo? Um ano atrás, Dr. Henry Kissinger, aos 82 anos, participou de seu primeiro debate público neste palco, argumentando com eloquência contra a resolução de a China vir a ser a dona do século XXI. E, apenas há questão de meses, o Prêmio Nobel, Paul Krugman, e o ex-secretário do Tesouro dos Estados Unidos, Larry Summers, se defrontaram cabeça a cabeça sobre o futuro da economia da América do Norte.

Por mais divertidos e envolventes que tenham sido esses confrontos, eles não tiveram a urgência do debate desta noite. No último mês, o inimaginável se tornou admissível, no que se refere ao futuro da Europa. Já em meados de junho de 2012, a Grécia constituirá um novo governo que terá de decidir nos meses vindouros – por escolha ou por necessidade – se o país se retirará da zona do euro. Muitos observadores previram que a saída grega da zona do euro poderia causar aumento catastrófico nos custos dos empréstimos para a Espanha e para a Itália – dois dos maiores países devedores do mundo – e uma corrida bancária em toda a região. O resultado talvez seja a implosão, tanto política quanto econômica, da União Europeia, que, com toda a probabilidade, afundaria não só o continente europeu, mas também a América do Norte e todo o mundo, na recessão.

No entanto, por mais sombrios que sejam os cenários apresentados na mídia sobre o futuro da Europa, eles devem ser contextualizados contra o pano de fundo das grandes realizações e da importância histórica do projeto europeu. A União Europeia, nascida nos escombros da Segunda Guerra Mundial, hoje ostenta seis décadas de história contínua, abrange 27

A EXPERIÊNCIA EUROPEIA FRACASSOU?

Estados-membros, compreende 23 diferentes línguas e desfruta de uma economia avançada, responsável por um quarto da produção econômica mundial.

No arco da história da humanidade, as instituições da Europa, com seus valores e objetivos comuns, são reconhecidas, com justiça, como algumas das mais importantes realizações da espécie humana. Portanto, acho que, nesta noite, todos aqui reunidos e o público mundial que nos assiste, sobretudo da Europa, querem saber se as forças consideráveis da Europa lhe permitirão sobreviver a essa crise sem precedentes e, talvez, dela emergir, no outro lado, mais forte e mais unida; ou se, como dois de nossos debatedores argumentarão esta noite, a crise da zona do euro é a manifestação de uma série de falhas profundas e fatais, enquistadas no cerne do euro em si, que o condenam ao fracasso.

Esta noite, abordaremos essas importantes questões e trataremos do grande tema geopolítico de nosso tempo. Debateremos a moção: conclui-se que o experimento europeu fracassou. Antes de apresentar o elenco de astros debatedores que aqui reunimos, gostaria de expressar meu reconhecimento à única organização responsável pela realização desses eventos. É realmente graças à sua generosidade e ao seu espírito público que temos a oportunidade de, duas vezes por ano, reunir e ouvir aqui em Toronto algumas das mais brilhantes mentes do mundo, debatendo grandes questões com que se defrontam nosso país e o planeta. Senhoras e senhores, juntem-se a mim nos aplausos aos cofundadores da Aurea Foundation, Peter e Melanie Munk.

Agora, passemos aos debates. Eu também gostaria que aplaudíssemos nossos dois debatedores que defendem a moção desta noite, Niall Ferguson e Josef Joffe, e seus contendores formidáveis, Daniel Cohn-Bendit e Lord Peter Mandelson.

Peter Munk brincou comigo antes, ao dizer que deveríamos renomear esses eventos para Debates Ferguson, uma vez que essa é a terceira vez em que Niall

Ferguson participa de um Debate Munk. Mas a verdade é que, neurônio por neurônio, ele é um dos mais brilhantes debatedores de sua geração. Ele também é conhecido professor de Harvard, colunista de *Daily Beast/Newsweek*, empreendedor de filmes documentários e autor de best-sellers internacionais.

Josef Joffe, que também justificará a moção desta noite, traz uma perspectiva vital para este debate – a visão do povo alemão sobre a crise da zona do euro, que vem avançando com rapidez. Ele é editor do prestigioso semanário alemão *Die Zeit*, equivalente na Alemanha à revista *Time* ou à *Mclean's*. Também é autor de numerosos livros best-sellers sobre assuntos internacionais, inclusive *Überpower: The Imperial Temptation fo America*. Suas análises sobre acontecimentos geopolíticos são publicadas com regularidade em diversos periódicos, como *The New York Times, The New Republic, London Times Literary Supplement*.

Agora, quero apresentar os debatedores que contestarão a moção. A história da vida de Daniel Cohn-

Bendit é, sob muitos aspectos, sinônimo de experimento europeu: nascido na França, em 1945, de pais judeus alemães, que fugiram da Alemanha nazista, Mr. Cohn-Bendit irrompeu na cena europeia na década de 1960, como principal líder das revoltas estudantis que sacudiram a França. Meio século depois, ele ainda é conhecido, afetuosamente, como "Danny the Red", e é uma voz altamente influente na Europa, onde atua como copresidente do Greens/European Free Alliance Group, no Parlamento Europeu. Também é membro das comissões de Assuntos Econômicos e Monetários e de Assuntos Constitucionais do Parlamento Europeu. E é copresidente do respeitado Spinelli Group, associação parlamentar europeia que se dedica ao projeto federalista na Europa.

Nosso debatedor final desta noite, Lord Peter Mandelson, é um dos mais destacados e eloquentes preconizadores da causa do federalismo europeu, diante da crise em curso. Ocupou altas posições no gabinete do Reino Unido, como parlamentar trabalhista, sob os governos dos primeiros-ministros Tony Blair e Gordon Brown. Mais importante para nós esta noite, ele foi comissário da Inglaterra na União Europeia, de 2004 a 2008, papel que lhe proporcionou compreensão profunda do funcionamento interno, político e econômico, da Europa. Hoje, ele é chairman da Global Counsel, empresa de consultoria internacional em estratégia. Além de tudo isso, é escritor talentoso. Sua autobiografia, *The Third Man*, publicada em 2010, foi best-seller número 1 do *Sunday Times* durante cinco semanas consecutivas.

Todas as 2.700 pessoas presentes votaram na resolução do debate, antes de se sentarem, o que é componente crítico desses eventos. Pedimos que vocês considerassem a moção: conclui-se que o experimento europeu fracassou. Seus votos nos darão uma ideia aproximada da opinião pública predominante nesta sala, neste exato momento. Os números são interessantes: 41% votaram a favor da moção, 37% foram contra e 22% se declararam indecisos. Portanto, a opinião pública está dividida.

Na segunda pergunta da cédula, indagamos se você estava aberto para mudar seu voto, dependendo do que ouvisse neste debate. Uau – nosso público está indeciso! Noventa por cento se disseram dispostos a mudar de opinião depois dos debates. Apenas 10% se afirmaram totalmente decididos. Senhoras e senhores, nossos debates são muito convincentes.

Um último detalhe que observamos em todos os debates: nossos debatedores terão seis minutos de comentários iniciais e três minutos de comentários finais. Agora, chamo Niall Ferguson para os comentários iniciais. Senhor, seu tempo é de seis minutos.

NIALL FERGUSON: Obrigado. *Thank you. Merci. Mersi. Grazie. Gracias. Grazzi. Go raibh maith agat. Dziekuje. Danke. Aitäh. Köszönöm. Multumesc. Děkuji. Paldies. Ačiū. Dakujem. Hvala. Dank u. Kiitti. Blagodaria. Merci villmahl. Efharisto. E minha favorita pessoal, tak.*

Há 22 maneiras diferentes de dizer "obrigado" na União Europeia. E acho que esse fato, em si, mostra por que o experimento europeu terminou em fracasso. Você se lembra das experiências de seus tempos de criança, com aqueles conjuntos de química? Você misturava substâncias químicas, uma depois da outra, para ver se acabava produzindo uma explosão. Foi o que fizeram na Europa. Tudo começou com seis; que não eram suficientes. Depois aumentou para nove... nada. Dez... um pouco de fumaça, só isso. Doze... nem tanto. Quinze... ainda é pouco. Vinte e cinco... começando a borbulhar. Vinte e sete... explosão!

Estou absolutamente certo de que Lord Mandelson e Daniel Cohn-Bendit lhes dirão que o experimento europeu foi bem-sucedido porque há paz na Europa, desde o seu início, na década de 1950. Será que dá para acreditar nisso? A integração europeia não tem absolutamente nada a ver com a paz na Europa desde a Segunda Guerra Mundial. Essa proeza se deve à OTAN (Organização do Tratado do Atlântico Norte). A criação da União Europeia não é uma questão de guerra e paz; do contrário, haveria uma Comunidade de Defesa Europeia, que foi vetada pela Assembleia Nacional Francesa, em 1954.

A Europa deve ser avaliada em termos econômicos, uma vez que seus próprios termos sempre foram econômicos. E por que foi assim? Na década de 1950, a economia da Europa integrada cresceu 4%. Na de 1960, o crescimento foi mais ou menos o mesmo. Nos anos 1970, o crescimento foi de 2,8%; nos anos 1980, escorregou para 2,1%; nos anos 1990, foi de apenas 1,7%; e assim prosseguiu até chegar a zero.

Com a continuidade da integração europeia, o crescimento caiu. A participação da Europa no PIB mundial vem declinando desde a década de 1980, de 31% para apenas 19%. De 1980 até hoje, a União Europeia cresceu mais que os Estados Unidos em apenas 9 dos 32 anos. Nunca sua taxa de desemprego foi mais baixa que a dos Estados Unidos.

Suponho que alguns de vocês sejam investidores. Quais foram os piores mercados de ações nos últimos 10 anos? Foram Grécia, Irlanda, Itália, Finlândia, Portugal, Países Baixos e Bélgica – o pior do mundo. Além de tudo, temos a união monetária – o último experimento que deu errado.

Nós os advertimos, senhoras e senhores. Dissemos-lhes, se vocês têm uma união monetária sem mercado de trabalho integrado e sem federalismo fiscal, ela vai explodir. Previ isso em 2000. Está acontecendo em tempo real, como em um laboratório de química, no outro lado do Atlântico.

Mas foi também um experimento político que deu errado. Vocês sabem de que experimento estou falando? Foi o de verificar se os europeus poderiam ser forçados a aceitar uma união ainda mais coesa – contra os desejos deles – induzidos por motivação econômica, porque a motivação política não foi suficiente.

E quando os povos europeus votaram contra o aumento da integração, seus respectivos governos foram instruídos a tentar mais uma vez. Aconteceu com os dinamarqueses, em 1992, e com os irlandeses, duas vezes: em 2001 e novamente em 2008. Como os cidadãos deram a resposta errada no primeiro referendo, os governos tentaram outra vez. Isso diz algo sobre por que o experimento fracassou

– fracassou porque perdeu legitimidade política. E vemos essa situação não só na Grécia, mas em sucessivos governos, em toda a Europa. Treze caíram desde o início da crise, dois anos atrás, e outros cairão nos próximos meses.

Finalmente, o experimento europeu tem sido um fracasso geopolítico. A União Europeia deveria atuar como contrapeso aos Estados Unidos. Você se lembra do discurso "Hora da Europa", de Jacques Poos, em 1991, anunciando que a Europa resolveria a guerra na Bósnia?[1] Isso aconteceria em 1991. Mas 100 mil pessoas morreram naquela guerra e 2,2 milhões foram desalojadas. O conflito não terminou até os Estados Unidos finalmente intervirem e acabarem com o bafafá.

---

[1] O economista Jacques Poos exerceu numerosas funções ministeriais de alto nível em Luxemburgo, de 1976 a 1999. Como ministro das Relações Exteriores, foi presidente do Conselho da União Monetária, em três diferentes ocasiões (1985, 1991 e 1997). Em 1991, a caminho das negociações para resolver a crise crescente na ex-Iugoslávia, Poos declarou: "Esta é a hora da Europa. Não é a hora dos americanos... Se há problema que pode ser resolvido pelos europeus, é o da Iugoslávia."

É famosa a tirada de Henry Kissinger: "A quem telefono, quando quiser falar com a Europa?" A resposta veio vários anos depois: telefona para a Baronesa Ashton de Upholland.² Ninguém nunca tinha ouvido falar nela, nem a tinham ouvido falar. Senhoras e senhores, vocês são canadenses. Vocês sabem como é difícil governar um sistema federal com apenas 10 províncias e duas línguas; por isso vocês compreendem com mais rapidez que a maioria dos observadores por que o experimento europeu, com 27 países e estarrecedoras 23 línguas, acabou em fracasso ignominioso. Ainda bem que, aqui no Canadá, preciso usar apenas duas ou, quem sabe, três palavras. Thank you e *merci*.

RUDYARD GRIFFITHS: Daniel Cohn-Bendit, você é o próximo.

DANIEL COHN-BENDIT: Boa-noite. Só vou falar em inglês. Sabe, preciso acalmar-me. Nunca ouvi tanta

---

² Catherine Ashton, Baroness Ashton of Upholland, alto representante da União para os negócios estrangeiros e a política de segurança da União Europeia. Ela também é vice-presidente da Comissão Europeia.

besteira! E vou dizer por quê. Meus pais fugiram da Alemanha em 1933. Meu pai era advogado, e teria sido preso depois do incêndio do Reichtag. Então, tiveram de fugir para o sul da França, porque eram judeus. Fui concebido depois do desembarque das tropas na Normandia. Nove meses depois, em abril de 1945, eu nasci.

Imaginem se eu dissesse a meus pais que, 50 anos depois, não haveria forças militares entre a França e a Alemanha, exceto as que são parte da OTAN; que não haveria tropas nem soldados em toda a Europa; e imagine se eu dissesse que qualquer pessoa poderia viajar para qualquer lugar do continente. Meus pais teriam respondido: "Temos um problema. Nosso filho está falando cedo demais e está dizendo bobagem."

A integração europeia foi um grande passo civilizatório. Muitos dos experimentos políticos mais destrutivos do mundo se originaram na Europa: criamos o colonialismo; criamos o fascismo; e criamos o comunismo. O continente foi a região mais sanguinária do mundo. Iniciamos duas guerras mundiais. Essa matança precisava acabar. Não podíamos prosseguir nesse rumo, e concluímos que a melhor ideia seria formar uma união que possibilitasse aos povos europeus fazer negócios e trocar mercadorias. E os povos europeus deram o grande passo quando instituíram a União Europeia.

Então, o comunismo caiu e veio a geração de François Mitterrand e Helmut Kohl. Miterrand disse – e Margaret Thatcher concordou – que era preciso aprofundar a integração europeia; que era necessário reforçá-la para que não mais houvesse um Estado hegemônico na Europa; para que não mais eclodissem lutas, e para que os países tivessem de trabalhar juntos – eles podiam lutar no parlamento, mas não nos campos de batalha.

E depois criaram o euro. E, sim, o euro está enfrentando dificuldades. Mas manter a união é difícil. Um Estado comum como a Europa nunca foi criado sem guerra. E, Niall, você tem razão sobre a Bósnia;

eu, pessoalmente, apoiei a ideia de uma intervenção europeia. No entanto, temos de assumir responsabilidade pelo continente. Veja a situação na Europa hoje; os Estados nacionais não têm condições de enfrentar sozinhos os problemas das crises – a econômico-fiscal e a mudança climática. Nas condições vigentes, nenhum Estado europeu restará no G8 em 30 anos. Só a Europa pode defender a União Europeia.

Sim, o processo é desafiador. Mas eu prefiro que os europeus enfrentem dificuldades para falar uns com os outros a entrarem em guerra uns contra os outros. A linguagem da guerra é universal; logo, esse argumento das barreiras linguísticas é louco. Temos tradutores. Podemos fazer funcionar. Venha ao Parlamento Europeu e você verá isso com os próprios olhos.

Juntar-se à União Europeia é o sonho de muitos países. Se é tão ruim quanto você sugere, por que será que tantos países votaram por ingressar na instituição? Por que, depois da queda do Muro, os poloneses quiseram entrar? E quanto aos húngaros? Eles queriam ser parte da União Europeia porque ela é o futuro. Dizer que a União Monetária é o futuro não significa que ela não seja difícil; não quer dizer que não possamos sofrer retrocessos. Mas acredito convictamente que, se não prosseguirmos com a integração europeia, os Estados nacionais europeus estarão em dificuldade, por causa do envelhecimento de suas sociedades.

Precisamos continuar juntos para nos defendermos. A União Europeia é um guarda-chuva que nos permite sustentar nossa visão de como viver juntos, e fomos capazes de fazê-lo sem guerras. Como você sabe, os Estados Unidos da América se reuniram depois de uma guerra civil. Nossas guerras civis foram as duas guerras mundiais. E, então, nós, europeus, aprendemos a trabalhar juntos. Sei que a discussão pode ser mais complexa, mas vou lhe contar uma velha piada judaica: "Se você tiver duas soluções, sempre escolha a terceira." E assim é a Europa.

RUDYARD GRIFFITHS: Em seguida, defendendo a resolução, Josef Joffe.

JOSEF JOFFE: Preciso começar corrigindo meu amigo Niall. Ele está errado sobre o número do telefone. *Há* um número de telefone. É o de Catherine Ashton. Você tecla o número e recebe uma mensagem de computador: Para Alemanha, tecle 1; para França, tecle 2 – isso indica onde está a Europa.

Gostaria de dizer algo mais. Acho que a Europa foi uma ideia maravilhosa. Afinal, Zeus, o deus dos deuses, arriscou seu casamento fugindo com Europa – a mulher por quem estava apaixonado. E Ovídio, poeta romano, canta: "E até ao mar aberto levou seu prêmio... a mão direita dela segurando um chifre, a outra afagando as costas dele."

Europa também foi uma ideia maravilhosa quando decidiu unificar-se depois de duas das guerras mais cruentas da história. Que epopeia magnífica! Primeiro, seis países se juntam, por meio da integração do carvão e do aço. Depois, aos poucos criam um mercado comum para mercadorias, serviços de capital e pessoas; a democracia prosseguiu à maneira de Cohn-

Bendit, com um Parlamento Europeu, e, finalmente, lançaram o euro, que significou a extinção do franco, da peseta e da dracma. Agora, são 27 Estados-membros. O euro reina de Portugal às fronteiras da Polônia. Agora, o que virá em seguida? Evidentemente, os Estados Unidos da Europa.

DANIEL COHN-BENDIT: Sim!

JOSEF JOFFE: Errado! A Europa está desmoronando diante de nossos olhos. O maior experimento desde que as 13 colônias americanas tornaram-se *E Pluribus Unum* agora enfrenta sua crise mais mortal. Por que será que essa marcha aparentemente inexorável para o progresso de repente empacou?

Reflita sobre a integração como uma escalada nas Montanhas Rochosas ou nos Alpes. No começo, ou no sopé, tudo é belo e fácil. À medida que subimos, o aclive se acentua e o ar se rarefaz. Finalmente, chegamos ao penhasco, à face norte do Eiger, na

Suíça, por exemplo – píncaro que representa o cerne da soberania nacional.

É onde estamos hoje, com o euro, a realização de que mais nos orgulhamos, a ponto de nos soterrar. Fomos muito longe, e o que fazer agora? Só há três saídas: recuar, parar ou atacar. Você ataca o cume e o escala rumo aos Estados Unidos da Europa? "Olha só o seu grupo dos 17", a montanha rosna, "todos indolentes, delinquentes, estropiados e aproveitadores". E, como é muito educada, a montanha acrescenta que não há unificação de verdade sem guerra, em que os elementos mais fortes obrigam os mais fracos a se dissolverem em um Estado único.

Isso foi o que aconteceu na Itália e na Alemanha, e, evidentemente, como Danny já disse, nos Estados Unidos, onde a Guerra Civil foi, realmente, uma guerra de unificação nacional. Não haverá guerra desse tipo na Europa, graças a Deus. Não haverá Bismarck ou Lincoln no futuro da Europa. E Frau [Angela] Merkel não é Bismark, evidentemente.

A EXPERIÊNCIA EUROPEIA FRACASSOU?

Mas o que nos diz essa crise global? Diz que você só alcança o cume se quiser e se puder. Só que você não quer nem pode, agora nem nunca, porque: (a) você não renunciará a grande parte de sua soberania nacional, que é o poder de tributar e de gastar; e (b) para começar, você nem mesmo pertence ao mesmo grupo de escalada. Apenas dois, três ou quatro dos montanhistas têm disciplina e estâmina para prosseguir. Os demais estão obesos, são coxos ou não têm fôlego.

Portanto, vamos descer da metáfora da montanha. A consideração política é que a Europa está quebrada, e a Alemanha não tem condições nem está disposta a pagar a conta do resto. Até a França está falida. Além disso, os indolentes não querem voltar ao campo para entrar em forma, por meio de um regime doméstico muito doloroso que já matou tanta gente de seus governos.

O problema mais grave é a tenacidade obstinada do Estado nacional, que não se submeterá quando o miolo de sua soberania estiver em jogo. O dinheiro, dizem os alemães, é onde acaba a amizade, e o mesmo acontece com a integração. A União Europeia já passou das encostas. Ela está enfrentando a face norte do Eiger.

Então, a Europa agora é história? Ainda não sabemos. Mas temos certeza de uma coisa: Que o experimento fracassou sob certo aspecto porque aquele sonho maravilhoso da década de 1950 – para cima, para a frente e para longe – colidiu com a realidade nua e crua do Estado nacional, que não desaparecerá. E indague-se, a bem da verdade, quantos franceses, italianos, alemães, polacos e assim por diante estarão dispostos a descartar dois mil anos de história? Quem quer ser governado por Bruxelas, em vez de pela própria capital nacional?

Vou concluir com uma oração. Oremos para que o crash inevitável do euro, a parte mais ambiciosa do experimento, não soterre o resto da União. E roguemos a Zeus para que proteja a Europa dos mares bravios, acomodando-a incólume em plácida enseada, pois a Europa não tem forças para superar a tormenta dos Estados nacionais. Mas, se ela sucumbir, tampouco Canadá e Estados Unidos lançarão âncoras em porto seguro. Amém. Obrigado.

RUDYARD GRIFFITHS: Nosso debatedor final, opondo-se à moção, é Lord Peter Mandelson. Senhor, seu tempo é de seis minutos.

PETER MANDELSON: Muito obrigado. Antes de tudo, gostaria de admoestar Niall e Josef pelos comentários desairosos a respeito de Catherine Ashton. Dois dias atrás, os cinco membros permanentes do Conselho de Segurança das Nações Unidas, junto com a Alemanha – as grandes potências –, entraram em negociações muito sérias com o Irã sobre o desenvolvimento de capacidade nuclear. Quem estava liderando as grandes potências? Quem estava conduzindo os membros permanentes do Conselho de Segurança? Não era Niall nem Josef. Tampouco Hillary Clinton. Era Catherine Ashton. Portanto, tenhamos um pouco menos de escárnio e um pouco mais de seriedade.

Hoje, temos a oportunidade de ver um inglês, um escocês, um alemão e um tipo de francês estocar-se mutuamente no palco. Parece o começo de uma piada ruim, que é o que realmente suponho que muitos dos presentes consideram que a Europa e sua moeda sejam hoje. Mas Danny e eu vamos pedir a vocês que deem um passo atrás e observem uma imagem mais fidedigna e mais ampla. Vamos pedir a vocês que avaliem a União Europeia contra o pano de fundo de uma história mais longa e de um escopo mais abrangente. Antes de aprovarmos a moção de fracasso, precisamos saber do que estamos falando.

A zona monetária da União Europeia, sem dúvida, está enfrentando problemas e, decerto, está emitindo sinais de perigo. Não nego isso. Mas a zona do euro não é todo o projeto europeu. Esse projeto começou mais de seis décadas atrás, quando se constatou que a Europa como um todo poderia e deveria ser, e de fato viria a ser, maior que a soma das partes; que, congregando fatores de soberania e de decisão, poderíamos realizar coisas que não seriam possíveis se continuássemos como um conjunto de Estados nacionais relativamente pequenos e um tanto agressivos. Ao promover a união, deixamos para trás séculos de conflito na Europa, o que já é, em si, um grande feito.

Também acabamos com a divisão entre Europa Ocidental e Europa Oriental e ainda ancoramos com sucesso os Estados pós-soviéticos e os Estados pós-ditatoriais, ou seja, Espanha, Grécia e Portugal, em um sistema de valores de direitos humanos e democráticos irreversíveis, o que tampouco é uma realização desprezível. E ainda criamos o maior espaço econômico de sua espécie no mundo.

Ao engendrarmos esse modelo único de supranacionalismo, conseguimos realizar o que nunca fora tentado ou executado antes, em nenhuma outra parte do mundo. Essa união se tornou absolutamente fundamental para a vida europeia – para nosso comércio, nossa democracia, nossa segurança e nossa coordenação política, em tantas áreas tão diferentes. Não acho que nem Niall nem Josef venham a questionar essa realização se, de fato, estiverem falando sério. Portanto, suponho que eles concordem que, se a União Europeia não existisse, os Estados europeus, hoje, realmente teriam de inventar algo muito parecido.

Também entendo que ainda não podemos nem mesmo descartar o euro como fracasso, embora a união monetária certamente tenha suas falhas. Agora está claro que, duas décadas atrás, a Europa começou a correr, na área econômica, quando ainda não conseguia andar, na área política. E, em minha opinião, assim aconteceu não porque fôssemos demasiadamente ambiciosos; mas, sim, porque efetivamente não fomos *bastante* ambiciosos. Não ousamos o suficiente para criar as instituições e a maquinaria política que possibilitariam o funcionamento da união econômica e monetária.

Agora, estamos debatendo a questão: Será que esse fracasso da zona do euro é permanente? Em minha opinião, o fracasso é de projeto e execução, não de conceito e princípio. O outro lado lhe dirá que tudo vai para o inferno. Mas há uma versão operacional de uma moeda única; a questão é se a Europa tem vontade política para implementá-la.

Sim, foi um tropeço sério e, sem dúvida, uma falha grave no projeto. Mas será que isso significa o fracasso de todo o projeto europeu? Eu diria que não. É muito fácil ser historiador, como Niall, que fala sobre o passado, olhando pelo retrovisor o tempo todo. Porém, receio que o político, um ministro, por exemplo, precisa ser um pouco mais prático e um tanto mais sério.

Então, a Europa fracassou? Eu diria que, simplesmente, é cedo demais para saber. E a Europa pode fracassar? Claro que sim. Mas será que o fracasso é *inevitável*? Absolutamente não. Muito obrigado.

RUDYARD GRIFFITHS: Muito bem, senhores, as aberturas foram muito vigorosas. E acho que vocês abordaram algo importante, que é como o público prefere considerar o experimento europeu. Tudo se resume no euro? Ou trata-se de um experimento civilizatório mais amplo? Vocês é que decidirão, quando pegarem a segunda cédula depois do debate, ou agora, para os que votarem on-line.

A segunda parte do debate é o do confronto direto entre os debatedores. Niall, como o primeiro a falar, dirijo-me a você. Entre as considerações de seus oponentes, do que você discorda fundamentalmente e em que acha que erraram de A a Z? Em seguida, pedirei que o debatedor replicado treplique sua réplica.

NIALL FERGUSON: Exatamente como previ, Danny Cohn-Bendit caiu na armadilha de atribuir a paz na Europa à União Europeia, ao processo de integração europeia. A paz na Europa, desde 1940, não tem quase nada a ver com o processo de integração europeia, que foi basicamente econômico. Não foram as instituições da União Europeia que fizeram a paz. A OTAN e a divisão da Europa durante a Guerra Fria produziram esse efeito. A única tentativa de envolver as instituições europeias em questões militares falhou em 1954, pois a França a rejeitou na Assembleia Nacional.

As questões europeias são econômicas. E observei que nem Danny nem Peter contestaram minha afirmação de que, em termos econômicos, a Europa não produziu o esperado. Acabei de voltar da Europa. É possível que, por morarem lá, vocês não se deem conta disso, mas uma crise econômica de grandes proporções avança pelo continente, em consequência do fracasso do projeto da união monetária. O que vocês dizem a esse respeito?

DANIEL COHN-BENDIT: Digo duas coisas. Primeiro, uma das maiores realizações da Europa é a união dos povos europeus – a OTAN não é a única razão da paz no continente. Porque, se os povos da Europa não estivessem unidos e se as fronteiras não tivessem praticamente desaparecido, não haveria paz. Foi um feito e tanto, e não há como negá-lo.

Quanto ao fracasso econômico, quando da reunificação alemã, Jacques Delors [ex-presidente da

Comissão Europeia] elaborou um plano para promover a integração da Alemanha por meio da fluidez do câmbio. A união dos Estados europeus ajudou os alemães na reunificação.

Por que outra razão todos os países da Europa Oriental tentariam juntar-se à União Europeia? Quando a Polônia entrou na União, foi o financiamento europeu que ajudou o país a emergir do comunismo e, hoje, a maioria dos poloneses concorda com esse ponto. Também foi assim em muitos outros países; a Europa foi fundamental para o sucesso deles.

Quanto à economia, Josef e Niall estão certos em um ponto: precisamos adotar uma abordagem política e fiscal. Do contrário, estaremos em dificuldade. É hora de sermos ambiciosos, e temos de nos juntar.

RUDYARD GRIFFITHS: Agora, vou pedir a Josef que prossiga no que Danny está dizendo. Por que os Estados Unidos da Europa não são solução concebível para essa crise, considerando os custos do colapso e suas consequências?

JOSEF JOFFE: O problema da opinião de Danny e de Peter é que eles assumem que existe o desejo; que, se tivermos vontade política, se tivermos união política, superaremos todos os problemas. Mas isso é pôr o carro adiante dos bois. O problema é que essa não é a realidade, e precisamos descobrir por que não temos esses dois requisitos. Nenhum de nós – a propósito, os ingleses menos que qualquer outro – quer abrir mão da soberania nacional.

Não queremos ser governados por Bruxelas. Nem vocês nem eu queremos ser governados por Bruxelas. Certamente, ninguém quer isso. E é por isso que, quando chegamos à face norte do Eiger, não conseguimos prosseguir.

RUDYARD GRIFFITHS: Lord Mandelson, você entra nesse ponto. Por que os países deixariam de lado algumas dessas peças-chave de sua soberania em troca de uma Europa maior, que, em sua opinião, emergiria da crise mais forte e mais unida?

PETER MANDELSON: Não acho que eles tenham de abrir mão da soberania, como você disse; não acho que precisem deixar de ser Estados nacionais. Nada os obriga a não mais serem ingleses, franceses ou alemães. Os espanhóis não precisam deixar de ser espanhóis. E os belgas continuarão a se dar bem, apesar de tudo. Não estamos pedindo que os povos renunciem aos Estados nacionais. O que estamos observando é que os europeus preferem que seus Estados e seus governos conjuguem suas capacidades de soberania e de decisão em relação a certas áreas críticas de sua vida. E a parte mais importante de sua vida é a econômica – como se criam empresas, como se geram empregos e como se constrói riqueza na Europa.

A Europa não está de modo algum quebrada. Ainda representamos 25% do PIB global e não temos nada parecido com a montanha de dívidas dos Estados

Unidos. Você, por acaso, diria que, por terem dívidas, os Estados Unidos estão quebrados? Claro que não. Os argumentos a favor de um mercado único, que é o maior espaço ou bloco econômico de sua espécie, são dois.

O primeiro ponto é que, ao permitir às empresas fazer negócios em todo um mercado único de 500 milhões de pessoas, também se criam condições para que as empresas cresçam como não seria possível se estivessem limitadas aos próprios países e se enfrentassem uma gama de 27 diferentes conjuntos de leis e de políticas, que as impedissem de operar com liberdade em todo um mosaico de diferentes contextos.

Segundo, por que será que eu era recebido em Washington, em Pequim, em Moscou, em Delhi ou em Brasília, quando exercia a função de comissário de comércio europeu? Não porque eu fosse inglês, nem porque eu fosse Peter – charmoso, articulado, lúcido; mas, sim, porque eu representava a Europa, um mercado de 500 milhões de pessoas. E esses países, com suas empresas, com sua criação de empregos e com suas importações e exportações, querem ter acesso à força de nosso mercado de 500 milhões de pessoas.

Se eu estivesse batendo à porta deles apenas por ser luxemburguense, ou por ser belga ou até por ser alemão – representando um mercado e uma população relativamente pequenos –, não seria ouvido com a mesma atenção. Eu não teria a mesma importância. Tampouco conseguiria negociar com a mesma força com que eu negociava na condição de comissário comercial europeu, representando a totalidade da Europa – essa é a realidade.

RUDYARD GRIFFITHS: Vamos ouvir o outro lado. Niall, é sua vez.

NIALL FERGUSON: Para começar, tudo bem que você decante os méritos da União Europeia como área econômica, mas ela representa, na verdade, 19% do PIB global, e essa proporção está encolhendo rapidamente.

Por que está encolhendo? Porque a Europa está infligindo a si mesma uma recessão de todo artificial e evitável. E por que está agindo assim? Por causa da concepção defeituosa da União Europeia. E quem a concebeu? Pessoas como Peter, que a projetou na década de 1980.

PETER MANDELSON: Ótimo! Adoraria assumir essa responsabilidade.

NIALL FERGUSON: As falhas de projeto existiram desde o começo. O Relatório Delors (Delors Report), de 1989, argumentou que, para que tudo isso funcionasse, para que a união monetária desse certo, seria necessário instituir controles centrais sobre os orçamentos nacionais, o que nunca aconteceu. Lembra-se do Pacto de Estabilidade e Crescimento?[3] Todos os membros da zona do euro o transgrediram. Os gregos manipularam seus livros, mas não foram os únicos.

---

[3] Acordo dos Estados-membros da União Europeia de manter a economia e a união monetária; foi proposto pelo ministro das Finanças alemão, Theo Waigel, em 1995, e aprovado em 1997.

Mesmo os alemães violaram as próprias regras, e o resultado foi o desastre econômico. Você sabe qual é a taxa de desemprego entre os jovens na Espanha, hoje? Cinquenta por cento. É preciso dar rostos a esse número, Peter, porque o problema não o afeta diretamente. Mas posso assegurar-lhe que os jovens espanhóis estão em dificuldade e estão fugindo da Europa.

PETER MANDELSON: Você acha que a crise bancária tem algo a ver com o desemprego de 25% na Espanha? Onde você está com a cabeça?

NIALL FERGUSON: Vou dizer-lhe onde estou com a cabeça. Em fevereiro de 2009, eu estava nesta cidade [Toronto], e disse que a crise bancária europeia seria tão grave quanto a crise bancária americana, porque a questão da alavancagem era igualmente séria e porque o total dos balanços patrimoniais era maior. Disse isso reiteradamente desde o começo de 2009, e o que foi feito na Europa? Nada. Sabe o que vocês fizeram – você e seus colegas eurocratas? Simplesmente chutaram a lata estrada afora, mês após mês.

A EXPERIÊNCIA EUROPEIA FRACASSOU?

RUDYARD GRIFFITHS: Como quero ouvir a voz de todos aqui, darei a Josef dois minutos e depois a Danny também dois minutos, pois, em seguida, passaremos para outra questão.

JOSEF JOFFE: Você nos acusou de não termos argumentos. Eu gostaria de reverter a situação e observar que você disse algo típico de todos os experimentos fracassados, do socialismo até a União Europeia. A teoria está certa; o conceito está certo; o problema se situa no projeto ou na execução. Você me faz lembrar o oficial francês da OTAN, que chega à OTAN pela primeira vez e diz: "Isso funciona muito bem na prática, mas será que também funciona na teoria?" A teoria da integração europeia está errada. E posso dizer-lhe que está errada pela maneira como você argumenta. Você passa muito tempo defendendo esse maravilhoso espaço econômico, mas ninguém está questionando esse maravilhoso espaço econômico.

Estamos discutindo sobre se a Europa pode desenvolver vontade e recursos para dar o próximo passo. E, se você quiser um modelo econômico, veja a NAFTA [North American Free Trade Agreement], entre Canadá, México e Estados Unidos: é quase tão grande quanto a Europa. Eles têm livre comércio, mas quem quer união política? Os canadenses querem formar uma união política com os Estados Unidos ou com o México? Você agora defendeu uma zona econômica de livre comércio, mas não é isso o que estamos debatendo nesta sala.

NIALL FERGUNSON: Ouça, ouça.

RUDYARD GRIFFITHS: Danny, você entra nessa porque senta no Parlamento Europeu todos os dias; você lá se situa na proverbial face norte da montanha. Por que você acha que é possível promover maior integração, quando agora o que vemos é muita desunião política na Europa?

DANIEL COHN-BENDIT: Temos leis europeias para a governança da economia e do sistema bancário europeu, assim como para a garantia de estabilidade econômica em todos os países-membros. Antes do Pacto de Estabilidade e Crescimento, tudo isso era decidido pelo Parlamento Europeu, mas, desde 1º de janeiro de 2012, as questões são reguladas por lei. E você está certo – quando os alemães e os franceses infringem o Pacto, ele se torna ineficaz.

RUDYARD GRIFFITHS: Agora darei a palavra a seus oponentes. Há algo final que vocês gostariam de dizer antes de passarmos para as perguntas?

NIALL FERGUSON: Sim. É muito simples. O que se ouviu é que a Europa precisa dar o próximo passo para superar a crise. É necessário instituir algum controle central das decisões fiscais no nível nacional. Isso é federalismo, como vocês sabem, com base na própria experiência canadense. O problema é que isso não é o que os europeus querem. De fato, quando se submeteu a referendo um tratado para implementar o federalismo europeu, em 2005, ele foi rejeitado pelos franceses e pelos holandeses, e depois abandonado.

Portanto, o que vocês estão propondo – uma transição para os Estados Unidos da Europa ou para a República Federal da Europa – não tem legitimidade política, razão pela qual não aconteceu. Logo, sua solução é uma não solução; não vai funcionar. Os alemães não votarão para fazer transferências financeiras para outros países.

PETER MANDELSON: Estou confuso sobre algo, Niall. Ouvi tudo o que você disse esta noite. Mas também li um artigo que você escreveu no *Financial Times* no começo deste mês. Nele, você falou sobre os ajustes que deveriam ser feitos na zona do euro, mas em nenhum lugar você escreveu que era impossível implementá-los. Você se referiu à necessidade de novo pacto fiscal; argumentou que o BCE (Banco Central Europeu) precisava ajudar os bancos nacionais; mencionou a criação de eurobônus; discutiu a dívida soberana da zona do euro. Sua única queixa foi que a Europa estava demorando mais que os Estados Unidos para criar o federalismo fiscal.

NIALL FERGUSON: Exatamente.

PETER MANDELSON: Você terminou seu artigo com um grande floreado, aludindo ao filósofo espanhol José Ortega y Gasset. Você disse: "A Europa é a solução, não o problema."[4] Agora, quem é o verdadeiro Niall Ferguson, posso perguntar?

NIALL FERGUSON: Desde que aquele artigo foi publicado...

PETER MANDELSON: 2 de maio de 2012 – há apenas três semanas!

NIALL FERGUSON: Desde que aquele artigo foi publicado, você ouviu algo do governo alemão sugerindo que alguma daquelas medidas venha a ser implementada?

PETER MANDELSON: Você disse aqui o oposto do que havia argumentado três semanas atrás!

---

[4] Em seu ensaio de 1910 "La pedagogía social como programa político", Ortega (1883-1955) fez a famosa afirmação: "A Espanha é o problema, a Europa é a solução."

RUDYARD GRIFFITHS: Sem dúvida, este debate foi muito animado. Todos concordamos que queremos ouvir perguntas do público? A primeira pergunta é de uma boa amiga: a correspondente sênior de negócios da CBC e personalidade de rádio e televisão, Amanda Lang.

AMANDA LANG: Minha pergunta é para Niall. Partirei da analogia de Josef com o montanhismo. Acho que os montanhistas lhe diriam que tanta gente morre na descida quanto na subida. Portanto, a pergunta é muito prática: não seria melhor e mais sensato, nesta época de crise, aumentar a coesão da união monetária e política, em vez de bater em retirada, com todas as possíveis perdas daí decorrentes?

NIALL FERGUSON: Ponto para você, Amanda. Tenho argumentado há algum tempo que devemos partir para esse tipo de iniciativa, a fim de evitar uma grande crise bancária, de magnitude comparável à da crise de 1931.

PETER MANDELSON: Muito bem, concordo!

DANIEL COHN-BENDIT: Concordamos!

NIALL FERGUSON: Mas o problema é que, desde que escrevi aquele artigo, nada veio de Berlim, a não ser uma única palavra: *nein*. Ela [Angela Merkel] diz *não*. E esse é o problema. Você pode dizer obrigado em 23 línguas diferentes, mas, na hora de dizer não, há apenas uma língua que realmente importa, que é a alemã.

O maior problema isolado é que a proposta diante do governo e do povo alemão é: vocês querem dar o próximo passo para uma Europa federalista? E, quando os alemães consideram quanto isso lhes custará, dizem não. Por mais que eu preferisse evitar a ruptura agora, não vi sinais de que o governo alemão, sob o ponto de vista interno, esteja disposto a assumir o grande risco político associado aos eurobônus. Isso não vai acontecer. Esse é o significado do artigo que você citou, Peter, e você sabe disso.

RUDYARD GRIFFITHS: Peter, você foi o último a falar; portanto, Danny, é sua vez.

DANIEL COHN-BENDIT: Só gostaria de dizer a Niall que fizeram uma pesquisa de opinião pública na Alemanha sobre o assunto: "Você quer que a Alemanha assuma mais dívidas para investir na Europa?" E a maioria disse sim.

JOSEF JOFFE: Não. Os amigos Verdes e Vermelhos de Danny disseram que queriam assumir mais dívidas, mas não o país como um todo.

Também posso responder à pergunta inicial? Antes, quero dizer algo sobre Ortega y Gasset. Você não sabe, Peter, quanto reforçou os argumentos de Niall com aquela citação, pois Ortega disse que a "Europa é a solução" cerca de 150 anos atrás. Isso confirma que esse desejo maravilhoso de vocês dois, nessa abordagem onírica à política, não funciona. Do contrário, algo já teria acontecido nesses 150 anos.

DANIEL COHN-BENDIT: Desculpe, mas, às vezes, talvez seja bom sonhar.

RUDYARD GRIFFITHS: Agora, vamos passar para a pergunta seguinte. Estamos com Thrasy Petropoulos, ao vivo, no Skype, de Atenas, Grécia – a linha de frente da crise da zona do euro. Ele é editor-gerente do importante diário, em língua inglesa, *Athens News*, da Grécia. Thrasy está assistindo ao debate on-line. De tudo que você ouviu hoje à noite, dos debatedores, do que discorda fundamentalmente?

THRASY PETROPOULOS: Bem, é interessante. Vivo em um país que, talvez, em breve, esteja fora da zona do euro. Portanto, suponho que o que tenho a dizer seja mais um comentário que uma pergunta. Eu gostaria de saber, considerando que 10 membros da União Europeia não estão na zona do euro, qual seria o tipo de vida da União Europeia sem o euro? Considerando que a União se baseia em liberdade de movimento e de comércio e que há tantas questões, como imigração e meio ambiente, que afetarão a todos nós, como a União Europeia funcionará se mais países abandonarem o euro?

NIALL FERGUSON: Então, a pergunta é se a Grécia pode deixar o euro e continuar na União Europeia, como, por exemplo, o Reino Unido?

RUDYARD GRIFFITHS: Vamos tratar da primeira parte da pergunta. A Grécia pode sair da zona do euro? Seria possível ter uma "Grexit" (Gressaída) sem a dissolução da União?

PETER MANDELSON: Com base nas pesquisas de opinião, 70% a 80% do povo grego diz que quer continuar no euro. Acho que eles sabem muito bem que, se saírem da zona do euro agora e voltarem para sua antiga moeda nacional, o país, com toda a probabilidade, afundaria como pedra. A inflação dispararia. O calote da dívida soberana e a inadimplência dos contratos denominados em euro – dentro e fora do país – seriam o paraíso dos advogados, ao criarem extraordinário caos econômico e social na Grécia. É por isso que, a bem da Grécia, temos de mover céus e terra para mantê-la no euro.

DANIEL COHN-BENDIT: Olha, eu critico o governo grego porque acho que as medidas de austeridade estão sendo muito fortes, além da capacidade de resistência da população. Mas, se a Grécia deixar a zona do euro, o novo governo não terá dinheiro para pagar as dívidas, o que provavelmente provocará muitos tumultos. E, como a história nos ensina, levantes populares não raro terminam em golpes militares. Os riscos são grandes e acho que realmente devemos fazer mais para manter a Grécia no euro.

Precisamos minorar essas dificuldades, pois, do contrário, a situação pode ficar muito perigosa. Os países da União Europeia que não aderiram ao euro, como a Dinamarca, têm moedas nacionais que se movimentam em sincronia com o euro. Portanto, muitos países que não são parte da união monetária estão fortemente atrelados ao euro, pois suas economias estão ligadas à Europa. O euro pode ser fator de estabilidade mesmo em tempos difíceis. Veja os Estados Unidos: o dólar estabilizou Nova York e a Califórnia, por exemplo, quando os dois não tinham dinheiro.

JOSEF JOFFE: Como você pode dizer isso, quando o euro está desabando? Hoje ele é a mais poderosa força de instabilidade em nossa vida. Não quero que nenhum inglês me diga o que o euro é e o que ele deve fazer, porque isso não é problema deles. Do contrário, a Inglaterra estaria na zona do euro, em vez de se gabar: "Graças a Deus nunca entramos nessa!"

RUDYARD GRIFFITHS: O que Danny e Peter estão dizendo é importante: que a Europa fará o que estiver a seu alcance para manter a Grécia na Europa, mesmo com um novo governo que rejeite as medidas de austeridade. Será que a Alemanha concordará com isso?

JOSEF JOFFE: Eu o faria com prazer se você me disser de onde virá o dinheiro. Vamos consegui-lo com os ingleses, que estão quebrados? Ou com os franceses, que também estão quebrados, cuja dívida pública subiu de 35% para 90% do PIB, em 20 anos? Ou vamos obtê-lo do grande Estado de Luxemburgo? Ou quem sabe da Espanha, que também está quebrada? De onde tiraremos o dinheiro? Se você me disser onde está o dinheiro, podemos falar sobre negócios.

NIALL FERGUSON: Essa é realmente uma boa pergunta. De onde virá o dinheiro, Danny? De onde tirar dinheiro para sustentar a Grécia?

DANIEL COHN-BENDIT: O dinheiro virá de eurobônus.

NIALL FERGUSON: Mas os alemães estão dizendo não.

DANIEL COHN-BENDIT: Os alemães não dirão não.

PETER MANDELSON: Duas semanas atrás, eu estava na Chancelaria Alemã, numa reunião com pessoas responsáveis pela Europa. No mês anterior, eu visitara o presidente do Deutsche Bundesbank (Banco Central da Alemanha), em Frankfurt. Antes disso, eu estivera no Ministério das Finanças, em Berlim. Em nenhuma dessas ocasiões, nenhuma dessas autoridades – qualquer que fosse – me disse que a Alemanha não queria participar da solução da crise da zona do euro. E, segundo...

NIALL FERGUSON: E o que lhe disseram? Alguém lhe disse o que fariam? Porque eu também leio o *Financial Times*, e todas as declarações oriundas de Berlim, desde que escrevi aquele artigo, têm sido negativas a respeito dos eurobônus e sobre o uso de fundos para socorrer...

PETER MANDELSON: Na verdade, você está errado. Você quer a resposta? Por que você acha, Niall, que, embora eles continuem dizendo que não estão em condições de fazer nada, o balanço patrimonial do Bundesbank está com uma exposição adicional de US$500 bilhões?

NIALL FERGUSON: Porque eles não podem parar o processo; porque eles não podem evitá-lo.

PETER MANDELSON: Não, Niall. É porque eles concordaram com isso. Eles querem ser parte da solução.

NIALL FERGUSON: Não, não é assim que funciona, e você sabe disso. Os passivos Target2 deles, que hoje são de centenas de milhões de euros, se acumularam automaticamente, sob os termos da união monetária. Os alemães não tinham o que fazer. Aconteceu automaticamente. E eles estão muito preocupados com isso...

PETER MANDELSON: Pensei que você tivesse dito que os alemães sempre poderiam dizer não. Mas o ponto é que eles não disseram *nein*, eles disseram *ja*.

NIALL FERGUSON: Não, Peter, isso não está certo.

RUDYARD GRIFFITHS: Vamos passar para outra pergunta. Essa é importante, porque, como Niall mencionou, a crise afeta demais os jovens europeus. Na Grécia e na Espanha, o desemprego é de 50% entre os jovens de 18 a 25 anos. Assim, vou dar a palavra a Melanie Greene, aluna de mestrado em Relações Internacionais na Munk School.

MELANIE GREENE: Obrigada. Gostaria de perguntar aos debatedores desta noite que esperança, se é que há alguma, os jovens da Europa podem ter em relação ao futuro, considerando o desemprego extremamente alto entre os jovens, em todo o continente?

RUDYARD GRIFFITHS: Danny, por que você não pondera a esse respeito? Sua carreira política começou como jovem rebelde nas ruas de Paris. O desemprego naquela época chegava a 50%?

DANIEL COHN-BENDIT: Tenho duas coisas que gostaria de mencionar. Primeiro, na última reunião, o Conselho

Europeu aprovou medidas para destinar €25 bilhões do orçamento europeu à criação de novos programas para a juventude, em Espanha, Itália e Grécia. Segundo, a chanceler alemã e François Hollande – o novo presidente francês – concordaram em apresentar uma proposta conjunta de um programa especial, destinado a combater o desemprego entre os jovens em toda a Europa, a ser discutida na conferência de cúpula de fins de junho. E a Sra. Merkel disse que a Alemanha participará tanto quanto possível da questão. O Parlamento Europeu está no rumo certo ao defender essa proposta, uma vez que o desemprego entre jovens é realmente uma grande preocupação.

RUDYARD GRIFFITHS: Niall, você é historiador; você analisou as revoluções em toda a história. Existe um ponto de virada? Será que desemprego de 50% nessa faixa etária sugere que a instabilidade social está borbulhando abaixo da superfície?

NIALL FERGUSON: Quando cheguei a Barcelona, poucos dias atrás, levei uma hora do aeroporto ao hotel, por causa de protestos estudantis; isso não está acontecendo apenas em Montreal. Os ânimos estão muito sombrios. E com bons motivos. Quando se observam as atuais taxas de desemprego entre jovens e quando também se analisam as perspectivas de crescimento europeu, é difícil ver que tipo de futuro se apresenta para os jovens europeus.

Além disso, quando os jovens olham para as políticas fiscais da geração que ferrou a Europa, o que veem é uma montanha de dívidas, que lhes serão repassadas como legado. Quando se faz qualquer estimativa a respeito do futuro da tributação que incidirá sobre a próxima geração de empregados – aqueles que tiverem a sorte de estar empregados –, as alíquotas serão muito mais altas que as vigentes na última geração. Vemos isso quase o tempo todo, com o êxodo de europeus talentosos que vão estudar nos Estados Unidos. E é realmente perceptível. Isso já estava acontecendo antes da crise, em parte por causa das perspectivas econômicas infaustas, mas também porque as universidades da Europa continental viraram lixo, desde que sua geração as ferrou em 1968.

RUDYARD GRIFFITHS: Nossa última pergunta, do público presente, é boa, pois sacudirá nossos quatro debatedores, um tanto acrimoniosos, e os obrigará a pensar de nova maneira.

BRITTANY TRUMPER: Houve muitos argumentos brilhantes esta noite; assim, o que quero saber é qual dos argumentos dos adversários vocês consideraram mais convincentes?

RUDYARD GRIFFITHS: Isso significará uma reviravolta mental para vocês. Josef?

JOSEF JOFFE: Peter, você defendeu algo com que concordo totalmente, ou seja, que é muito melhor ter livre comércio e fronteiras abertas que fronteiras fechadas e restrições comerciais. Mas esse não era o tema do debate.

    A questão era se a Europa – o experimento – fracassou. E o principal fracasso, acho, é que empacamos e não podemos continuar. As razões estão profundamente entranhadas em nossa sociedade, em nossos contratos sociais, em nossa cultura política e, acima de tudo, no fato de não sermos um Estado nacional, mas 27 nações separadas, com 27 diferentes histórias e maneiras de fazer as coisas. E, se você não aceitar que essas diferenças culturais não podem ser superadas, basta olhar para nós quatro e a maneira como debatemos aqui.

RUDYARD GRIFFITHS: Então, Lord Mandelson, pedirei que você conclua a sessão de perguntas e respostas. A qual dos argumentos de Niall e de Josef você dá mais crédito no contexto dessa discussão?

PETER MANDELSON: Bem, estou tentando dar crédito...

JOSEF JOFFE: Mas você não ouviu nenhum bom argumento aqui, certo?

A EXPERIÊNCIA EUROPEIA FRACASSOU?

DANIEL COHN-BENDIT: Você parece criança.

RUDYARD GRIFFITHS: Senhores, não vamos partir para o lado pessoal.

JOSEF JOFFE: Mas não concordo com isso; não concordo com essa atitude.

RUDYARD GRIFFITHS: Lord Mandelson, a palavra final é sua.

PETER MANDELSON: Estou tentando dar crédito ao argumento de Josef de que, de alguma maneira, promovemos o livre comércio em um mercado de 500 milhões de pessoas, na União Europeia, sem ninguém ter feito nada para isso. Agora, como você acha que conseguimos criar esse mercado? Não aconteceu por acidente. Aconteceu em consequência de um projeto político. Foi algo construído ao longo de 60 anos, que culminou com a criação de um mercado único em fins da década de 1980 e princípios da de 1990. O arquiteto desse projeto, a propósito, foi o então comissário britânico em Bruxelas.[5] Portanto, obrigado por todas as suas observações depreciativas sobre os ingleses na Europa!

Josef, quero perguntar-lhe: Você prefere que isso se desfaça? Você prefere que a construção desabe? Você prefere que o mercado único deixe de existir? Porque, se for assim, se você quiser acabar com o que chama de experimento europeu, preciso voltar a inquirir-lhe: Como você acha que as empresas vão crescer? Considerando a profundidade do caos econômico que assolará a Europa, não durante anos, mas durante décadas, de onde você acha que virão os empregos? Isso é o que lhe pergunto.

---

[5] Arthur Cockfield, Barão Cockfield (1916-2007), que renunciou ao gabinete de Margaret Thatcher para se tornar vice-presidente da Comissão Europeia, durante o mandato de Jacques Delors. Apenas meses depois de começar seu mandato na Comissão Europeia, em 1985, ele produziu um documento com 300 recomendações sobre como criar um mercado europeu único.

Não estou negando que haja problemas com a moeda única. Já admiti isso e acho que as dificuldades são muito sérias. Mas acontece que acho possível resolvê-las. Niall não concorda; para ele, é impossível; ele acha que os alemães sempre dirão não. Espero tê-lo convencido de que os alemães, na verdade, estão em vias de dizer sim, mas querem que certas coisas sejam definidas de antemão. Querem um pouco mais de disciplina, um pouco mais de regras, querem um pouco mais de controle sobre a zona do euro antes de abrirem ainda mais as torneiras dos gastos. Não culpo os alemães por pedirem essas coisas.

Mas retornando à minha pergunta a Josef. Se você acha que o experimento europeu é tão terrível, quais seriam os efeitos sobre nossa economia, sobre nossas empresas e sobre nossos empregos, em sua opinião, se simplesmente deixássemos que tudo desabasse?

JOSEF JOFFE: Não propus que se permitisse o desmonte.

RUDYARD GRIFFITHS: Senhores, passemos para os comentários de encerramento. Lord Mandelson, como você acabou de falar, vou mudar a ordem um pouco. Daniel Cohn-Bendit, você será o primeiro a apresentar os argumentos de fechamento. Você tem três minutos.

DANIEL COHN-BENDIT: Serei simples. Concordo totalmente que a Europa e a moeda única estão enfrentando dificuldades. Eu assinaria o artigo de Niall Ferguson no *Financial Times*. Mas precisamos avançar. Nossos adversários dizem que o problema é que a Alemanha dirá não. Mas a Sra. Merkel quer um pacto fiscal e precisa da maioria de dois terços. Mas, para tanto, ela necessitará dos votos dos Social-democratas e dos Verdes. E os Verdes e os Social-democratas dizem que precisamos dar um passo à frente rumo a mais solidariedade e a um fundo de resgate. Segundo, temos de assumir responsabilidade comum pelo futuro em países como a França, e estamos tomando essa direção agora. Porém, isso será muito difícil, conhecendo a história europeia.

Estamos numa situação na Europa em que a maioria das pessoas quer avançar para uma união, mesmo que estejam com medo. E Niall está certo: França e Holanda votaram contra o projeto constitucional; mas cometemos um erro. Eu nunca disse que a Europa não errava. Contudo, a saída para a crise é o aprofundamento da integração. Isso levará tempo e, algumas vezes, será desafiador.

Contudo, afirmar que o projeto europeu fracassou nos empurra para trás. Se você fez ovos mexidos, não há como recuperar cada um dos ovos, intactos. Depois de fazer ovos mexidos, a solução é dividi-los da melhor maneira possível, para que todos comam um pouco. Quero dizer a todos aqui: Não se deixem enganar. A Europa é uma visão e uma perspectiva; e tenho muito orgulho em afirmar que dediquei 20 anos da minha vida a esse projeto.

Sinto-me orgulhoso ao dizer que eu poderia ter mudado um pouco a história da Europa. Os europeus têm diferenças culturais significativas hoje, mas, em 30 anos, os Estados nacionais da Europa deixarão de existir. E, assim, há um sentimento entre os europeus de que podemos ser algo no futuro, trabalhando juntos. Ou seremos alguma coisa juntos – e ainda manteremos nossas diferenças culturais – ou desapareceremos totalmente como força política. E é por isso que eu defendo a Europa.

RUDYARD GRIFFITHS: Josef Joffe, você é o próximo, com seus comentários de encerramento.

JOSEF JOFFE: Gostaria de contestar de uma vez por todas o argumento de que a Europa mantém a paz. Essa afirmação é falsa em termos históricos e conceituais. O problema é que a segurança e a paz foram garantidas antes de começarmos a integração. De fato, não poderíamos nem mesmo ter começado a integração se alguém não tivesse entrado no jogo, alguém mais forte que a França, mais forte que a Alemanha e mais forte que todos os países da Europa. Foram os Estados Unidos, que protegeram cada um dos países uns contra os outros e garantiram a segurança de todos. Depois de resolvido o problema da segurança, eles estavam em condições de partir para a construção da Europa.

A EXPERIÊNCIA EUROPEIA FRACASSOU?

Concordo com o segundo ponto: o fato de a Europa precisar ser parte da solução. Acabamos de ouvir os dois outros debatedores reafirmando o que é desejável e o que deveria ser. Eles racionalizaram o fato de continuarem defendendo a Europa e por que devem prosseguir na escalada, enfrentando a face norte do Eiger, e assim por diante. O que nenhum deles disse é como isso pode ser feito, considerando que estamos falando de 27 Estados nacionais.

Gostaria de me estender um pouco mais nessa metáfora. Sim, acho que poderíamos escalar o penhasco, mas o problema é que precisamos de alguém que lidere e de pessoas que sigam. E o problema da Europa é que quase todos nós preferimos dizer não, *non* ou *nein* a aceitar alguém como líder para governar o poleiro e todo o resto. Se você encarar a situação dessa maneira, decerto será mais modesto em relação ao que a Europa deve e pode fazer. Não temos um Abraham Lincoln; tampouco um Conde de Cavour;[6]

---

[6] Camilo Benso, Conde de Cavour (1810-1861), estadista piemontês, que se empenhou em promover a unificação da Itália, e veio a ser o primeiro primeiro-ministro do país.

muito menos um Biskarck, capaz de se impor e de comandar os demais a segui-lo. E, a propósito, ainda bem que é assim. Eu não gostaria de ser liderado por certos tipos de deputados franceses.

Quanto à questão mais prudente de Peter — "Você gostaria de viver numa Europa que não fosse a Europa?" –, esse não foi o tema do debate. O que se debateu foi: "O experimento europeu fracassou?" E parece-me que, com algum poder de observação, a resposta é sim. Isso não significa que se pretenda desmontar toda a coisa. Ninguém sugeriu isso. Ninguém em sã consciência defenderia o desmantelamento da União.

O que acontecerá em seguida deve ser menos ambicioso; algo que preserve o que temos e, ao mesmo tempo, cultive o tipo de realismo capaz de nos lembrar que jamais seremos *E Pluribus Unum*.

RUDYARD GRIFFITHS: Lord Mandelson, seus comentários de encerramento, por favor.

A EXPERIÊNCIA EUROPEIA FRACASSOU?

PETER MANDELSON: Não quero que ninguém demonstre fé irracional no euro, a moeda única, nem no projeto europeu. O que realmente peço é que ninguém aceite a visão dos que apoiam essa moção: que tudo o que está errado na zona do euro e no funcionamento da moeda única em si continuará errado; que todos os equívocos já cometidos são irreversíveis – em outras palavras, que a política em si é irremediável. Peço a vocês que aceitem a visão de que é possível reparar as situações, reverter os erros e mudar as conjunturas para melhor.

Acho que boa parte do que ouvimos do outro lado é, com muita franqueza, manifestação de niilismo desesperado. Agora, não espero que ninguém compartilhe meu compromisso com a Europa, Niall. Tampouco espero que você necessariamente concorde com minhas opiniões pró-europeias – embora, conforme observei, você o tenha feito, três semanas atrás, no *Financial Times*. O que lhes peço é que apenas se lembrem do que está em jogo. Não é uma piada. Estamos falando da vida de pessoas; estamos tratando do trabalho e do futuro de pessoas; de seres humanos que precisam do sucesso desse empreendimento; que não podem conformar-se com seu fracasso. Portanto, por favor, parem de argumentar e parem de rezar por seu fracasso.

Nem estou afirmando que nossa visão necessariamente prevalecerá. No entanto, por dois motivos, todos nós temos de empreender enorme esforço político para que o projeto seja bem-sucedido e se mantenha em curso. Um dos motivos é que não haverá nada parecido com divórcio consensual na zona do euro: as consequências serão absolutamente desastrosas para todos nós no continente. Segundo, e do mesmo modo importante, estamos falando da União Europeia como um todo, como um espaço econômico único, o segundo maior de sua espécie no mundo. Os europeus não seriam os únicos atingidos se a Europa se desmembrasse. Povos de economias avançadas e de economias em desenvolvimento, ricos e pobres, inclusive muitas pessoas no Canadá e em todo o mundo, também se ressentiriam do golpe.

A EXPERIÊNCIA EUROPEIA FRACASSOU?

É por isso que temos de trabalhar juntos para que isso não aconteça, e acredito que podemos fazê-lo. Será preciso liderança, mas há líderes. Há liderança na Alemanha; temos um presidente muito bom que acabou de ser eleito na França. E, embora seja verdade que os ingleses, neste momento, não estão na linha de frente da liderança europeia, seria bom que estivessem.

RUDYARD GRIFFITHS: Niall, a palavra final é sua.

NIALL FERGUSON: Em fevereiro de 2009, dei uma entrevista para o *Globe and Mail*, na qual disse que haveria sangue; que, na esteira da crise financeira, eclodiriam tantas convulsões políticas e tantas transformações sociais que o resultado seria violência. Acredito que esta profecia está se tornando realidade, e assim está sendo, em grande parte, por causa do fracasso do experimento da integração europeia. Meus adversários inverteram a direção do processo de causa e efeito.

Por que o desemprego atingiu níveis de depressão em países como Grécia e Espanha? Não foi por catástrofe natural; mas, sim, como consequência direta e previsível do fracasso do experimento da união monetária – experimento tão obviamente fadado ao fracasso que seu governo optou por não aderir ao euro, Peter. Se os ingleses acreditavam tanto na integração europeia, por que será que, ano após ano, o governo trabalhista se recusou a se juntar à moeda única? Você sabe a resposta. A resposta é que pelo menos algumas pessoas de seu partido, inclusive seu velho amigo, o ex-Primeiro-Ministro Gordon Brown, previu o que aconteceria.

Não há como exagerar a magnitude da crise que está sendo infligida à periferia europeia por esse experimento fracassado. E o que está em jogo é muito alto. Talvez estejamos à beira de uma segunda fase da depressão. Caso a coisa se converta em corrida bancária que varra toda a região do Mediterrâneo, talvez venha a ser algo que repita 1931. E o que acontecerá em seguida? Qual será o pior cenário? O que sucederá se os alemães continuarem a dizer não aos tipos de iniciativas federalistas que possivelmente estancariam a saída de dinheiro dos bancos espanhóis?

Neste exato momento, outros experimentos também estão fracassando na Europa: o experimento do Estado de bem-estar social, excessivamente generoso, e o experimento do multiculturalismo, que gerou enormes guetos de imigrantes segregados, os mais tendentes a serem pontos focais de uma reação populista em formação. Esses experimentos se estão revelando mais perigosos do que jamais admitiu qualquer eurocrata, cujas consequências se manifestarão em toda a plenitude quando o laboratório explodir.

Karl Kraus, grande satirista vienense, um dia descreveu o Império de Habsburgo como laboratório experimental da destruição do mundo. Meu receio, senhoras e senhores, é que também a União Europeia esteja predestinada a produzir o mesmo efeito. Esse experimento fracassou. Obrigado.

RUDYARD GRIFFITHS: Senhoras e senhores, quero reiterar algo que Peter Munk afirmou nos debates passados. Uma coisa é pronunciar um discurso diante de um grande público – oradores da qualidade e do calibre dos debatedores desta noite o fazem a toda hora. Outra muito diferente, porém, é expor suas ideias e vê-las contestadas da maneira como ocorreu esta noite, e, francamente, discutir sobre um tema que, de modo algum, é acadêmico. O que acabamos de debater aqui afeta a vida de centenas de milhões de pessoas, possivelmente até o futuro da economia global. Foi um debate vibrante, que nos proporcionou melhor compreensão da Europa, assim como enriqueceu nossos argumentos. Portanto, juntem-se a mim numa salva de palmas e em agradecimentos entusiásticos aos nossos debatedores.

Resumo: A votação anterior ao debate foi de 41% a favor da resolução; 37% contra; e 22% de indecisos. A votação final mostrou o posicionamento dos indecisos, com o resultado de 45% a favor da moção e 55% contra ela. Considerando a reversão na votação, a vitória vai para a equipe que argumentou contra a resolução, Lord Peter Mandelson e Daniel Cohn-Bendit.

Conversa de Niall Ferguson com Sonia Verma

SONIA VERMA: Muito obrigada por estar conosco. Para começar, gostaria que você se manifestasse sobre a resolução que será debatida esta noite: "Conclui-se que a experiência europeia fracassou." O que você acha disso?

NIALL FERGUSON: Basta ligar a televisão ou abrir o jornal para ver que o experimento europeu fracassou, no sentido de que a união monetária está chegando ao fim, como uma colossal catástrofe financeira, conforme alguns de nós previmos. Acabei de voltar da Europa, onde a situação é muito grave. Se a Grécia deixar a União Monetária, ninguém realmente sabe quais serão as implicações; o cenário mais provável, porém, é uma grande corrida contra os bancos espanhóis, pois se supõe que a Espanha venha a ser o próximo país a cair.

Acho que a questão mais ampla que será debatida esta noite é se todo o projeto de integração europeia, que remonta à década de 1950, fracassou. E tenho certeza de que um dos argumentos em contrário será o de que a Europa hoje está muito melhor que em 1945. Lembre-se, contudo, de que a razão para haver paz na Europa desde a década de 1950 tem muito pouco a ver com a União Europeia e tudo a ver com a OTAN, com o fato de os europeus não terem conjugado suas soberanias militares, mas terem aceitado a liderança militar americana, durante e depois da Guerra Fria. Portanto, precisamos evitar que o debate descambe para considerações sobre guerra e paz – esse não foi o propósito da integração europeia. Seu alvo era a economia. Argumentarei que, em termos econômicos, a integração europeia não proporcionou o crescimento prometido, os empregos prometidos e a prosperidade prometida.

SONIA VERMA: Conversemos sobre a crise em si, pois acho que você tem uma perspectiva ímpar, inclusive por ter acabado de retornar da Europa. Você passou algum tempo na Espanha, acho. O que você viu? Qual é o humor por lá? Como estava o clima? O que os espanhóis estão dizendo?

NIALL FERGUSON: A primeira coisa que encontrei foi um grande protesto nas ruas de Barcelona contra as medidas de austeridade que o novo governo espanhol está impondo. São constantes as discussões entre espanhóis comuns sobre deixar ou não deixar o dinheiro em bancos espanhóis. Constata-se muita ansiedade em relação a um banco chamado Bankia, uma grande instituição, obviamente insolvente, que acabou de sofrer intervenção do governo espanhol. Os ânimos pessoais estão deprimidos. O desemprego entre os jovens, na Espanha, está em 50%. Os jovens estão deixando a Espanha para fazer fortuna em outros lugares. Portanto, se você quiser ver um lugar onde o experimento europeu está fracassando de maneira muito desastrosa, vá à Espanha.

SONIA VERMA: Vou pedir-lhe que dê uma olhada em sua bola de cristal e preveja o resultado da crise em curso. Qual será o desfecho provável? Qual será a consequência mais desastrosa?

NIALL FERGUSON: Se você me tivesse perguntado umas duas semanas atrás, eu teria respondido que não há como alguém ganhar com a saída da Grécia da união monetária. Eu teria dito que eles chegariam a um acordo sobre os eurobônus, que integrasse os sistemas fiscais, de modo que toda fidedignidade e toda credibilidade da União Europeia garantissem as dívidas nacionais, ou ao menos parte das dívidas nacionais. E eu teria previsto com confiança que se chegaria a um acordo sobre a garantia de depósitos em âmbito europeu, para atenuar as pressões sobre os bancos espanhóis. Depois de viajar pela Europa nas últimas semanas, estou muito menos otimista, pois o que vi foi o agravamento da crise na periferia e a complacência com a crise no centro.

Infelizmente, o governo alemão, liderado por Angela Merkel, está extremamente relutante em tomar as iniciativas que considero necessárias para evitar uma grande crise financeira, embora esteja sofrendo pressão substancial dos governos francês, italiano e espanhol. Enquanto o governo alemão não moderar sua posição e não se mostrar mais disposto a admitir os eurobônus – significando alguma medida de integração fiscal ou de federalismo político no âmago da União Europeia –, estaremos em situação muito perigosa. Eu até diria que essa conjuntura se assemelha à do verão de 1931, quando a depressão entrou na segunda fase, depois que o Creditanstalt, grande banco austríaco, afundou e desencadeou uma reação em cadeia de falências bancárias. Os europeus estão brincando com fogo, pois, agora, compete ao governo alemão decidir para onde vamos. Ou tomamos a trajetória do federalismo fiscal, que sempre esteve implícito no projeto da união monetária, ou enveredamos pelo descaminho da desintegração europeia, a começar pela Grécia, porém, de modo algum, acabando na Grécia.

SONIA VERMA: Como argumentar perante o povo alemão que essa ideia de federalismo fiscal é algo que efetivamente os beneficiaria? A economia alemã está muito melhor que as economias periféricas da Espanha e da Grécia. O que eles ganharão?

NIALL FERGUSON: Há duas maneiras de argumentar com os alemães. A primeira é dizer-lhes que foram os principais beneficiários da união monetária. Se tivessem ficado fora do euro – se tivessem continuado com o marco –, eles teriam enfrentado os problemas com que a Suíça deparou em consequência da moeda supervalorizada na crise, razão pela qual não deveriam menosprezar o que ganharam com a união monetária. Mas, realmente, não acho que os alemães se deixariam convencer por argumentos desse tipo. É preciso recorrer ao medo, e não ao altruísmo.

Eis a realidade. Já por causa da maneira como se promoveu a integração europeia e do modo como se desenrolou a crise, a Alemanha se tornou credora de €3 bilhões, de €4 bilhões, de €5 bilhões em dívidas das economias mediterrâneas periféricas, em consequência de algo denominado Target2, que é o mecanismo de pagamento europeu. Se esses países mediterrâneos deixarem a zona do euro, ocorrerá inadimplência maciça das dívidas do Target2, porque elas seriam convertidas unilateralmente em dracmas, pesetas, escudos ou liras. Portanto, seja como for, os alemães estão comprometidos; resta-lhes apenas escolher como pagar. Podem pagar com os calotes dos países mediterrâneos e a ruptura da união monetária, assim como com os efeitos do retorno subsequente ao marco alemão, que seriam muito destrutivos do ponto de vista macroeconômico e afetariam a todos, inclusive o Canadá e certamente os Estados Unidos; ou podem pagar por meio de transferências como as que vêm fazendo para a ex-Alemanha Oriental, desde a década de 1990. E são grandes transferências – não será barato. Os canadenses compreendem o federalismo, e sabem que sempre é doloroso quando o dinheiro passa de uma unidade federativa para outra. Entretanto, do meu ponto de vista, é preferível para a Alemanha pagar pela preservação da Europa a assumir os custos de enorme crise bancária na periferia ou de uma série de calotes.

SONIA VERMA: E quanto à questão da instabilidade política em alguns países europeus, como a França? E quanto ao impasse na Grécia? Muitos desses países estão enfrentando muita luta política interna – seus governos não conseguem governar. Como algum tipo de federalismo ou de organização supranacional emergiria desse caos?

NIALL FERGUSON: Quando se examinam as mais recentes pesquisas de opinião entre os gregos, parece, à primeira vista, que as portas do inferno estão prestes a se abrir. É possível que se forme um novo governo, liderado por um partido que rejeite todos os compromissos que os gregos assumiram como condição do socorro financeiro. E não são apenas os gregos que enfrentam problemas. Na verdade, dê uma volta pelos muitos governos europeus e o que se vê é desordem.

Desordem nos Países Baixos, desordem na Bélgica – não são apenas os países mediterrâneos que enfrentam problemas políticos. Parece que já não existem governos de dois mandatos na Europa. Os governos nunca são reeleitos para um segundo mandato, porque, decerto, decepcionarão seus eleitores no primeiro mandato.

No entanto, acho que há outra maneira de pensar sobre tudo isso: quanto pior fica a situação no nível nacional, mais plausível se torna a solução federal. Acho que parte do que estamos vendo na Europa são votos de protesto contra os políticos nacionais. Decerto vimos isso na Grécia. Não que os gregos realmente estejam votando contra o euro — quando, efetivamente, se observam as posições dos partidos, quase ninguém na Grécia é favorável à saída do país da zona do euro. No entanto, os eleitores gregos estão muitíssimo insatisfeitos e culpam os grandes partidos políticos dos últimos 10 anos, inclusive o Movimento Socialista Pan-Helênico e o Nova Democracia, pela confusão em que estão imersos. E, então, os punem, votando em novos partidos populistas, de esquerda ou de direita. Acho que esse é o prelúdio de um desfecho federalista.

Uma maneira de raciocinar a esse respeito é considerar a situação da Itália. Os italianos desprezam os políticos nacionais – eles os veem como canalhas ou como playboys depravados, do tipo Silvio Berlusconi. Os italianos também são os mais pró-europeus dos europeus: eles atribuem as mais altas avaliações às instituições europeias nas pesquisas de opinião do Eurobarometer. Portanto, minha hipótese é que, quanto pior fica a situação no nível nacional, mais perto se chega da solução federal. Quem são os políticos respeitados na Europa? Pessoas como Mario Monti, ex-comissário europeu, agora primeiro-ministro da Itália; esses políticos são acatados – os tecnocratas, não os piratas dos partidos locais.

SONIA VERMA: Falando sobre sentimento público, a Ipsos realizou uma pesquisa de opinião pública, a pedido da Munk Debates, que mostrou exatamente o que você está dizendo: a maioria dos europeus não quer deixar o euro. O que isso significa sob sua perspectiva?

NIALL FERGUSON: Acho importante reconhecer que, do ponto de vista dos eleitorados, a integração europeia ainda é um projeto valioso, preferível aos velhos e maus tempos dos Estados nacionais, apesar de todos os problemas econômicos com que depara a Europa neste momento. E suponho que, se vocês forem à Grécia e lhe perguntarem: "Vocês gostariam de voltar no tempo, aos dias de inflação alta e até de ditadura militar?" ou "Vocês gostariam de manter os benefícios de que desfrutaram desde que se juntaram à União Europeia?", a resposta seria, esmagadoramente: "Ficaremos com a União Europeia." O passado também não é saudoso na Espanha. Lembrem-se, em países como Espanha, Portugal e Grécia, a pré-Europa foi uma época de ditaduras. E essa é uma das razões para o tão pouco apetite popular pela ruptura com a situação vigente.

A EXPERIÊNCIA EUROPEIA FRACASSOU?

O problema é que as elites que dirigem a Europa acharam que poderiam conduzir os povos para um sistema federal por meio de uma espécie de incorporação reversa, em que se promove primeiro a união monetária, que, então, de alguma maneira, força a união federal. Não acredito que essa opção tenha sido inteligente, porque produziu efeitos econômicos muito deletérios, que, por seu turno, estão gerando forte insatisfação popular. O que mais se tem na Europa hoje são europeus desiludidos, mas não pessoas ansiosas por retornar aos Estados nacionais. Por isso ainda considero mais provável que tudo continue junto. Mas, como já disse, essa continuidade exige, desesperadamente, que os alemães vejam a lógica do federalismo fiscal, que sempre esteve implícito no projeto da união monetária.

SONIA VERMA: De muitas maneiras, você realmente previu a crise em curso 10 anos atrás. Você disse que isso aconteceria. Como se sente ao ter previsto essa mixórdia com tanta antecedência?

CONVERSA DE NIALL FERGUSON COM SONIA VERMA

NIALL FERGUSON: Vamos rever o timing aqui. Na verdade, critiquei o projeto da união monetária na década de 1990, quando a iniciativa era objeto de debates intensos. Expressei minha oposição em 1992, quando do Tratado de Maastricht. No advento da união monetária, adverti, de maneira muito explícita, qual seria o desfecho. E, em 2000, publiquei um artigo na *Foreign Affairs*, com meu bom amigo Larry Kotlikoff, em que explicamos que a união monetária sem união fiscal desabaria em cerca de 10 anos, em consequência das divergências entre os Estados-membros – e é exatamente o que estamos vendo. Agora, eu realmente poderia estar correndo por aí, como numa volta olímpica, saltando e esmurrando o ar, e entoando "Eu não disse!?", do alto dos telhados; mas, realmente, não é assim que me sinto. O que de fato sinto é que precisamos colocar alguma sensatez na cabeça dos decididores – não só dos políticos, mas também dos banqueiros, para que percebam a magnitude do que está em jogo e se deem conta do tamanho dos cacifes.

Se isso der errado, todos serão afetados, inclusive as pessoas que estavam certas sobre a união monetária, como eu. Realmente não quero que a economia mundial seja atingida, a esta altura – cinco anos depois da irrupção da crise financeira –, por uma corrida bancária na Europa, e, possivelmente, por uma enxurrada de calotes. Acho que algo desse tipo seria extremamente destrutivo para a recuperação da economia global, afetando as economias deste lado do Atlântico tão intensamente quanto atingiria países como a Alemanha. Assim, estou percorrendo a Europa – é um tanto exaustivo, devo dizer –, na tentativa de transmitir alguns insights históricos aos decididores, lembrando-os também de que o que tornou tão grande a Grande Depressão foi uma crise bancária maciça na Europa, no verão de 1931. E este é o verão de 1931 para nossa geração. Compete aos decididores, sobretudo de Berlim, mas também de Bruxelas, evitar a repetição daquela Grande Depressão catastrófica.

Conversa de Peter Mandelson com Sonia Verma

SONIA VERMA: Antes de tudo, muito obrigada por nos conceder esta entrevista. Todos aguardam com ansiedade o debate. Para começar, gostaria que você se manifestasse sobre a resolução que será discutida esta noite: "Conclui-se que a experiência europeia fracassou." O que você acha disso?

PETER MANDELSON: Bem, depende de como você define fracasso. Reconheço que realmente tropeçamos na criação de nossa moeda única na Europa, mas isso, do meu ponto de vista, decorreu de problemas de projeto e de execução, e não de conceito e princípio. Se você der um passo atrás e observar o que a Europa realizou nos últimos 60 anos de vida, testamos na prática, com sucesso, um modelo de supranacionalismo que não existe em nenhum lugar do mundo, que não tem precedente na história.

Se você olhar nosso percurso, verá 27 países da Europa que transformaram a maneira como se relacionam uns com os outros na economia e no comércio; como conduzem suas relações diplomáticas com o resto do mundo; e como coordenam muitas áreas de políticas públicas importantes para os europeus – assim como o impacto dessas políticas públicas sobre o resto do mundo.

Nada disso está sendo questionado nem contestado pelo fato de – e reconheço isso plenamente – termos tropeçado na implementação da moeda única. No entanto, se você perguntar se a moeda única está fadada ao fracasso, eu direi que não. Se você perguntar se deveríamos ter feito as coisas de maneira diferente, desde o início, para implementar a moeda única, minha resposta certamente será sim. E, se você também perguntar se o funcionamento da moeda única pode ser reparado, de modo a funcionar de outra maneira, também acredito que a resposta a essa pergunta seja sim; mas tudo isso envolverá alguma dor, muita concentração e enorme vontade e determinação política para acertar o passo.

SONIA VERMA: Quero retroceder um pouco na história. Evidentemente, com o benefício da retrospectiva, você está falando de coisas que sabe que poderiam ter sido feitas de maneira diferente, com ênfase, especificamente, nas instituições políticas. Como você acha que poderíamos ter evitado a crise em curso?

PETER MANDELSON: Na década de 1990, quando se combinavam todos os componentes da moeda única da união econômica e monetária, houve quem dissesse que estávamos sendo ambiciosos demais; que estávamos tentando correr na área econômica antes de conseguirmos andar na área política. Mas, realmente, minha visão é diferente a esse respeito. Acho que, de fato, faltou ambição. Acho que deveríamos ter sido mais ousados, promovendo a união fiscal e política necessária à eficácia da zona do euro.

Todas essas questões sobre a extensão da integração de nossas políticas fiscais e sobre as implicações de uma gestão política mais centralizada de nosso projeto eram delicadas na década de 1990. Era mais fácil esquivar-se dessas considerações e assumir, de alguma maneira, que tudo se resolveria ao longo do percurso ou que elas se tornariam irrelevantes com o passar do tempo. Hoje, já experimentamos e enfrentamos o crash financeiro de 2008, que representou enorme choque externo. E, na esteira da crise, as debilidades do projeto e da implementação da zona do euro se expuseram de maneira um tanto crua, e é essa a situação a ser superada hoje.

SONIA VERMA: Quero perguntar-lhe sobre a saída possível para a crise em curso. Acho que você e seus adversários efetivamente concordam sobre a gravidade da conjuntura, especificamente em países como Grécia,

CONVERSA DE PETER MANDELSON COM SONIA VERMA

Espanha e Itália. Mas, considerando onde estamos hoje, o que você considera ser o melhor desfecho? Como sair desse impasse em que os líderes europeus parecem estar aprisionados neste exato momento?

PETER MANDELSON: Acho que meus oponentes no debate dirão que tudo estava condenado ao fracasso; que tudo foi culpa de políticos visionários, completamente alienados da realidade e da opinião pública; e que a elite leviana tentou impor ao povo um projeto grandioso. Na verdade, a moeda única não foi nada disso. O euro era considerado expansão natural do enorme espaço econômico representado pelo Mercado Comum Europeu. O objetivo da moeda única era facilitar e baratear nossas relações econômicas, nossas atividades de negócios e nossas transações comerciais. E é isso o que quero dizer quando afirmo que o princípio estava certo, embora a implementação tenha sido equivocada.

As mesmas pessoas provavelmente dirão que, como tudo foi um desastre, devemos interromper o processo e reverter às moedas nacionais. Acho que esse retrocesso não seria fácil. Seria extremamente doloroso para nossas economias. Provocaria uma catástrofe econômica, cujas consequências sociais flagelariam a Europa, não nos próximos anos, mas durante muitas décadas. Não acho que se possa fazer a reversão simplesmente com um clique no comutador ou com uma caneta. Precisamos compreender que o espaço econômico europeu e seu impacto são enormes: é o segundo maior bloco econômico de sua espécie no mundo. Temos o maior setor bancário do mundo. Se os bancos europeus mergulharem no caos e na desordem, o impacto sacudirá não só a Europa, mas o restante do mundo – o que seria, em minha opinião, um curso de ação muito irresponsável.

SONIA VERMA: Então, como avançar? O que falta aos líderes da Europa hoje que realmente está impedindo a saída da crise da dívida que hoje paira sobre a zona do euro?

PETER MANDELSON: Não é verdade afirmar que não está ocorrendo nenhum progresso. As maneiras como os Estados-membros da zona do euro enfrentaram a crise da dívida, como se adaptaram às novas imposições e como adotaram respostas políticas conjuntas são consideráveis; elas estão sendo, francamente, mais amplas e mais rápidas do que se poderia prever no início da crise.

Porém, ainda há muito a fazer. Em minha opinião, por exemplo, é preciso adotar políticas fiscais e monetárias, soluções conjuntas para a zona do euro como um todo – sob gestão e condução central – que impliquem certo grau de união fiscal e política, no momento inexistentes na zona do euro. Segundo, o Banco Central Europeu precisa assumir funções e responsabilidades mais amplas. Acho que, de alguma maneira, se supõe – inclusive os mercados – que, ao criarmos a zona do euro, estávamos instituindo apenas um tipo de entidade política única, com um banco central que atuaria como emprestador de último recurso; que cuidaria da moeda e da dívida soberana, como no Canadá ou nos Estados Unidos, por meio do Federal Reserve. Só que, deliberadamente, o Banco Central Europeu não foi concebido, originalmente, com essa intenção. Contudo, em minha opinião, isso precisa mudar. Também acho que deve haver responsabilidade conjunta pela dívida soberana como um todo.

SONIA VERMA: Você está sugerindo a ideia de eurobônus?

PETER MANDELSON: Sim, estou. E a adoção de um sistema bancário europeu como um todo. É preciso instituir-se algum tipo de compartilhamento coletivo da responsabilidade por essa dívida e pela capitalização dos bancos, o que requer avanços importantes nas operações da zona do euro, além de outros passos rumo à maior integração. E isso não é fácil.

Para a Alemanha, por exemplo, isso implica exposição quase ilimitada aos custos e aos passivos da zona do euro. A Alemanha – apesar de toda a sua força, não obstante tudo o que já fez, em que pesem os golpes que sofreu e os encargos que acumulou, ao manejar a crise na extensão em que o fez nos últimos dois anos – ainda não está pronta para dar esses passos adicionais. Acho que a Alemanha acabará agindo nesse sentido, mas, para tanto, terá de convencer seu povo e seu público. A Alemanha é um país com um pacto constitucional muito forte. Receio que, na Alemanha, não basta o chanceler ou o governo puxar alavancas ou acionar comutadores. Há o Parlamento Alemão, há o pacto constitucional alemão e há o povo alemão, que precisam ser convencidos a promover essas mudanças e a tomar essa direção.

Acho que o farão, porque a preservação da moeda única é tão importante para os alemães que eles dificilmente se disporão a perdê-la. Eles sabem que ela representa um formidável compromisso por parte deles em relação ao projeto europeu, que eles querem levar avante. Também têm consciência do quanto ela é relevante para o restante do mundo. Contudo, não dispomos de tempo ilimitado, e muitos de nós gostaríamos que essas decisões e essas mudanças políticas ocorressem com mais rapidez. Mas elas estão em andamento; apenas precisamos apressar o passo.

SONIA VERMA: Como fazer isso em um país como a Alemanha, muito próspero? É enorme a disparidade entre a economia da Alemanha e a economia da Grécia. Como sustentar esse argumento perante o povo alemão, que, em última instância, deve ser convencido?

PETER MANDELSON: Acho que o argumento deve ser o seguinte. Primeiro de tudo, destaca-se a própria experiência alemã. A Alemanha se compunha de duas Alemanhas, e elas se juntaram e se unificaram. O processo envolveu a fusão de duas economias, com a criação de uma moeda única entre as duas partes do país, ocidental e oriental, que eram muitíssimo diferentes. Também exigiu enorme transferência de recursos, que prossegue até hoje. E ainda envolveu grandes mudanças – mudanças estruturais – no mercado de trabalho e em outros mercados da Alemanha, no sistema de bem-estar social, na maneira como se trabalha e em como se é recompensado. E o povo alemão, é verdade, abraçou essas mudanças, que exigiram considerável sacrifício. Porém, o que veem é o desfecho, uma economia alemã maior, o que lhes está conferindo – sob outros aspectos – enormes benefícios e recompensas. E meu segundo ponto é que todos na Alemanha sabem que o país tem sido o principal beneficiário da criação da união econômica e monetária.

SONIA VERMA: Você poderia explicar esse último aspecto um pouco melhor?

PETER MANDELSON: Bem, a Alemanha promoveu a reavaliação do euro, beneficiando as exportações alemãs; também desenvolveu um mercado para a circulação da moeda. O euro permitiu que os alemães comercializassem e oferecessem seus bens e serviços dentro da Europa e no exterior com muito sucesso, gerando grandes benefícios para a economia alemã e para o povo alemão. A Alemanha – como potência econômica – tem aproveitado melhor e mais rápido que a Grécia e Portugal, por exemplo, ou que outros países do sul da zona do euro, as vantagens dos baixos custos dos empréstimos. E esse, no âmago, é o problema.

Quando se criou a moeda única, cultivou-se a expectativa, como elemento central do plano, de que ela, com essas economias um tanto diversas – e seus vários níveis de competitividade e de produtividade –, geraria benefícios e oportunidades. No entanto, também se acreditava que se teria disciplina suficiente para promover a convergência dessas economias díspares para a moeda única, que a Grécia ficaria mais parecida com a Alemanha – todavia, com efeito, aconteceu o oposto. Os países não aproveitaram as oportunidades e não cultivaram a disciplina exigida pela moeda única. O que não deixa de ser cruel, você diria, eles terem-se regalado com o que se supunha fosse um almoço de graça, sem se conscientizarem de que a conta teria de ser paga depois. E, em vez de convergência, assistimos à divergência das economias. O fato é que isso precisa ser mudado, para repor a zona do euro em condições de sucesso duradouro.

As pessoas se manifestam um tanto superficialmente, dizendo coisas do tipo: "O que podemos perder é só a Grécia", ou "Podemos voltar às moedas nacionais onde quisermos" ou "A Alemanha pode formar um núcleo e todos os outros vão embora cuidar da própria vida". No entanto, eu digo que estamos integrados demais; que já fomos longe demais para desfazer tudo com tanta rapidez e simplicidade, de maneira indolor. A alternativa para reparar as falhas é não só uma questão institucional de construir bases mais fortes de união política e fiscal para a moeda única; é também uma questão de vontade política de fornecer muitos recursos, de fazer muitas transferências fiscais para os países que não só precisam recuperar-se da crise imediata que estão enfrentando, mas que também necessitam desse dinheiro para transformar suas economias, de modo a começarem a convergir com o restante da zona do euro, em vez de continuarem divergindo.

SONIA VERMA: No mar de más notícias que saem da Europa, você se destaca como um tanto otimista. Quais são suas razões para ser tão otimista?

PETER MANDELSON: Espero que, em meu otimismo, você não ache que estou sendo totalmente irrealista.

A EXPERIÊNCIA EUROPEIA FRACASSOU?

Não estou dizendo que há escolhas fáceis: nenhum percurso que adotemos para sair dessa crise será um passeio no parque. Não será como velejar em águas plácidas, acredite. E, como diz o velho ditado chinês, teremos de suportar muito amargor para sair do buraco da crise, para acertar e para estabilizar a zona do euro e para recolocá-la em bases e em rumos operacionais sustentáveis para o futuro. Não estou garantindo que conseguiremos, mas estou afirmando que podemos e devemos tentar.

Não concordo com quem acredita que tudo foi malconcebido e que não tem condições de funcionar de maneira adequada. Se você examinar a pesquisa de opinião pública que foi realizada pelo *Globe and Mail*, na Europa, verá que, em toda a Europa, em graus variados, a escolha preponderante é a continuidade da moeda única, apesar de tudo o que está acontecendo. As pessoas querem que a moeda seja restaurada e que a união monetária prossiga no futuro. Mas compete aos políticos ouvir o público. Os políticos precisam aceitar suas deficiências e corrigir seus erros. Acho que, indiretamente, fui um deles: eu era comissário de comércio da União Europeia. Participei do processo, embora o tenha feito mais no fim que no começo, o que não chega a ser desculpa. O povo tem razão em estar zangado com os políticos. Os gregos têm motivos para estar revoltados com o sistema político e econômico como um todo. Mas depois de controlar a raiva, é preciso fazer algo para acertar a situação. E compete aos políticos assumir a liderança. Não devem transmitir falso otimismo, mas precisam controlar o próprio nervosismo e demonstrar confiança em que podemos fazer o que precisamos fazer – desde que o façamos com união e juntos.

SONIA VERMA: Obrigada por seu tempo. Realmente apreciei.

PETER MANDELSON: Obrigado.

Os debatedores

DANIEL COHN-BENDIT é político alemão, francês de nascimento, que se tornou figura pública como líder das revoltas estudantis na França, na década de 1960. Desde então, é voz altamente influente na Europa, servindo como copresidente do Greens/Free Alliance Group, no Parlamento Europeu, desde 2002. É membro das comissões parlamentares para Assuntos Econômicos e Monetários e para Assuntos Constitucionais. Cohn-Bendit também é cochairman do Spinelli Group, iniciativa do Parlamento Europeu, dedicada ao projeto federalista na Europa.

NIALL FERGUSON é professor de História da Harvard University, na cátedra Laurence A. Tisch, e professor de Administração de Empresas da Harvard Business School, na cátedra William Ziegler. Também é senior research fellow da Jesus College, Oxford University, e senior fellow da Hoover Institution, Stanford University. É autor de numerosos best-sellers, como *Império: como os britânicos fizeram o mundo moderno*, *A ascensão do dinheiro: a história financeira do mundo*; e *Civilização: o Ocidente e os Outros*. Comentarista fecundo de política e economia contemporânea, Ferguson é editor-colaborador da Bloomberg TV e colunista semanal da *Newsweek*.

JOSEF JOFFE é editor do semanário alemão *Die Zeit*. Contribui com regularidade para *Wall Street Journal*, *The New York Times*, *Washington Post*, *Time* e *Newsweek*. É autor de numerosos livros de não ficção, como *Überpower: The Imperial Temptation of America*. Em 2005, cofundou o periódico sobre política exterior *The American Interest*, com Francis Fukuyama e Zbigniew Brzezinski. Joffe também é senior fellow do Institute for International Studies da Stanford

University. Lecionou na John Hopkins, de Harvard, e na Universidade de Munique.

PETER MANDELSON é membro da House of Lords e chairman of Global Councel, empresa de consultoria em estratégia. Foi eleito membro do Parlamento em 1992 e entrou no governo inglês em 1997, servindo como secretário de Estado para Comércio e Indústria e secretário de Estado para a Irlanda do Norte. De 2004 a 2008, foi comissário da União Europeia para comércio. Voltou ao governo inglês em 2008, servindo como secretário de Estado para Negócios, Inovação e Capacitação. Mandelson também é autor de best-seller: sua autobiografia *The Third Man* foi best-seller número 1 do *Sunday Times* durante cinco semanas consecutivas.

O organizador

RUDYARD GRIFFITHS é organizador e moderador dos Debates Munk. Em 2006, foi nomeado um dos "Top 40 under 40" do Canadá, pelo *Globe and Mail*. É editor de 13 livros sobre história, política e assuntos internacionais, como *Who We Are: A Citizen's Manifesto*, que foi o Melhor Livro de 2009 do *Globe and Mail* e finalista do Shaughnessy Cohen Prize for Political Writting. Vive em Toronto, com a esposa e dois filhos.

Os Debates Munk

Os Debates Munk são o principal evento do Canadá sobre políticas públicas. Realizados semestralmente, eles oferecem aos mais notáveis pensadores um fórum global para discutir as principais questões de políticas públicas com que se defrontam o mundo e o Canadá. Os debates ocorrem em Toronto, ao vivo, diante de um grande público, com ampla cobertura da mídia interna e internacional. Entre os participantes recentes, estão Robert Bell, Tony Blair, John Bolton, Ian Bremmer, Paul Collier, Howard Dean, Hernando de Soto, Gareth Evans, Mia Farrow, Niall Ferguson, William Frist, David Gratzer, Rick Hillier, Christopher Hitchens, Richard Holbrooke, Henry Kissinger,

Charles Krauthammer, Paul Krugman, Lord Nigel Lawson, Stephen Lewis, David Li, Bjørn Lomborg, Elizabeth May, George Monbiot, Dambisa Moyo, Samantha Power, David Rosenberg, Lawrence Summers e Fareed Zakaria.

Os Debates Munk são um projeto da Aurea Foundation, organização filantrópica constituída em 2006 pelos filantropos Peter e Melanie Munk, para promover pesquisas e debates sobre políticas públicas. Para mais informações, visite www.munkdebates.com.

Permissões

Agradecemos pelas permissões para reimprimir excertos do seguinte:

(pp. 75-90) "Niall Ferguson in Conversation", de Sonia Verma. Copyright 2012, *Globe and Mail*. Transcrito por Erin Kelly.

(pp. 91-107) "Peter Mandelson in Conversation", de Sonia Verma. Copyright 2012, *Globe and Mail*. Transcrito por Erin Kelly.